사랑하는 사람에게 심는
101가지 삶의 디테일

사랑하는
사람에게
심는

101가지
삶의 디테일

4장 일상과 디테일 _172

에필로그

PROLOGUE

　큰 애가 대학 4학년 2학기에 취업과의 전쟁이 시작됐습니다. 원서를 쓰는 딸을 지켜만 볼 뿐 무엇 하나 도와줄 수 없는 노릇에 애처롭기까지 했는데요. 마지막 학기의 학업과 네 개 회사 입사 원서를 쓰는데 새벽 네 시를 넘기기 일쑤였습니다. 아침엔 늘 피곤해 보였어요. 그 기간 동안 예민해진 딸을 피해 다녔습니다.

　사기업 공채를 준비하던 중 특채가 떠서 이력서를 냈는데요. 1차 서류가 통과됐다고 연락이 왔습니다. 2차 면접도 통과했고요. 다음날 3차 면접 후 최종합격 했습니다. 10월 1일부터 출근하란 답니다. 합격의 기쁨이 염려로 바뀌는데는 한 시간이면 충분했죠. 출근을 하자니 열매를 너무 일찍 딴 게 아닌가 하는 생각이 들기 시작했어요. 빠르고 쉽게 얻은 직장이라 다른 길과 변수를 놓고 생각의 사치에 빠집니다.

　미심쩍으면 전문가에게 질문하라 했는데요. 지인들에게 조언을 구했죠. 이틀 동안 심사숙고 후, 심야가족회의를 통해 출근을 결정했습니다. 10월 1일부터 출근하려면 마지막 학기 수업할 수 없게 됩니다. 회사에 사정을 말했더니 병행을 허락해 주었습니다. 이걸로 끝이 아닙니다. 더 큰 '염려 쓰나미'가 몰려옵니다.

> " 방 정리 하나 제대로 못하는 녀석인데 회사 생활은 잘 할 수 있을까??
> 잼 바르고 뚜껑도 안 닫고 집 나가기 일쑤인데…
> 엄마가 뭐 부탁하면 나중에 한다고 해 놓고 안하기 십상인데…
> 자기 방 불 켜놓고 외출하는 덜렁이인데… "

민주적, 자기 주도적으로 키웠다고 자부하지만 걱정도 태산입니다. 출근해서 흠 잡히지 않고 밥값 이상 하는 회사원이 되기를 원하지만 바람만으로 될 일이 아닙니다. 세상은 학교보다 훨씬 무서운 정글인데요. 처음 한 달, 길을 잃으면 헤어 나오기 어렵습니다. 하여, 가르쳐야 할 것이 엄청 많습니다. 준비시키려는데 집에서 얼굴 보기도 힘드네요. 잘 받아들일 것 같지도 않고요. 글을 써서 이메일로 보내기로 결정했습니다.

마음이 급해집니다. 출근이 며칠 안 남았어요. 우선순위에 두고 하루 몇 시간씩 썼습니다. 곁에서 거들던 아내가 가치 있는 일이라 응원합니다. 다음 날은 재미있다며 동참하겠답니다. 며칠이 더 지나니 우리 집만의 과제가 아니라 이 시대의 모든 부모들의 숙제일 것 같으니 출간하자고 하네요. 엄마로서 딸에게 전해줄 말이 있다고 저술에 참여하겠답니다. 카길에그리퓨리나(Cargil Agri Purina, Inc.)에서 근무한 경험을 담을 수 있어서 동의했습니다. '숟가락만 얹을 것' 같다는 처음 생각은 교만이었습니다. 함께하지 않았다면 완성도가 많이 떨어질 뻔 했습니다.

첫째를 생각하며 아내와 글을 쓰는 중에 이번에는 둘째가 대학 2년을 마치고 휴학했습니다. 친구 두 명과 의기 투합해 벤처를 창업했는데요. 첫 번째 창업은 실패 아닌 경험으로 남았습니다. 벤처 업계의 영재소년단으로 언론도 탔죠. 기술력을 인정받아 지분을 받고 합병했습니다. 그런데 1년을 못 채우고 뛰쳐나왔어요. 복학할 줄 알았는데 다른 친구들과 법인을 설립하고 두 번째 창업에 뛰어듭니다. 집필 중에 둘째의 두 번째 창업이 몇 개월이 지났건만 어떻게 진행되는지 묻지 못했습니다.

몇 개월이면 탈고할 것으로 생각했는데 시간이 많이 걸립니다. 수차례 교정을 거치다보니 이미 딸의 직장생활은 3년이 지납니다. 1차 교정은 딸이 봤습니다. 자기를 위한 편지이기에 그 녀석에게 걸림이 되지 않게 하기 위해서였습니다. 엄마, 아빠의 원고에 가장 용기 있는 칼잡이 노릇 할 게 분명하거든요. 아들은 두 번의 창업을 경험하고 복학을 했습니다. 1년을 더 학교에 가서 놀더니 휴학을 하고 병역 특례로 직장생활을 시작합니다. 마음이 더 급해집니다.

첫째는 엄마의 길을 걷습니다. 안정적인 직장생활을 선택했어요. 회사에서 첫 일도 엄마가 한 일과 같습니다. 둘째는 아빠의 길을 걷습니다. 아빠는 30대까지 개척을 두 번이나 했는데 아들은 20대에 그 어려운 창업에 두 번이나 도전장을 냈습니다.

아들에게 말했습니다.

> " 열 번은 경험해라. 젊은 날 성공은 인생의 3대 저주 중 하나란다. HP란 회사도 하루 아침에 세워진 게 아니다. 윌리엄 휴렛(William R. Hewlett)과 데이비드 팩커드(David Packard)도 안 해 본 게 없었단다. 실패를 두려워하면 출발할 수도 없지! 실패란 없다. 모든 것은 경험이란다. 어떤 경험도 무의미한 것은 없단다. "

이 책은 비단 자녀만이 아니라 인생수업을 받는 모든 사람에게 적용될 것이라 조심스럽게 기대합니다.

인생이란 무엇인가?

마라톤과 같다고 하는데 빨리 뛰는 것보다

바르게 완주하는 것이 중요하단다.

바르게 뛰는 것은 윤리와 법을 지키며 뛰는 것.

끝까지 뛰려면 기초 체력이 중요한데

인생 경주의 기초 체력은 인격과 사유의 힘이다.

자신이 누구인지 생각하는 힘,

자신을 공정하게 관찰하는 눈,

사람과 사물을 전방위에서 살피는 마음,

보이지 않는 것까지 보는 능력이다.

인생 경주에서 날마다 기본을 점검해야 한다.

기본을 무시하면 완주는 불가능하다.

네 인생이 꼬이거나 막히면

헌 가죽 부대에 새 가죽을 덧붙이는 어리석음을 버리고

처음부터 다시 시작해야 한단다.

매몰비용 아까워 만지작거리며 고치려 한다면,

다시 출발할 기회를 잃는다.

1장
디테일의 기초 쌓기

첫 번째 사과

"선생님, 인생이란 무엇인가요?"

소크라테스는 질문을 내는 제자들을
사과 과수원으로 데려갔다.
입구에서 끝까지 걸으며
가장 큰 사과 하나씩만 따오게 했지.
지켜야 할 두 가지 조건은
두 개를 딸 수도
되돌아 갈 수도 없다는 것이었다.

제자들은 과수원 끝에서 만났다.
서로의 손에 들린 사과가 눈에 들어왔지.
너무 일찍 따서 후회한 사람,
큰 사과를 지나치고 늦게 따 후회한 사람.
하지만 되돌아갈 수도, 다시 딸 수도 없었다.

이것이 인생이다.

사과 과수원의 지름이 100m라고 할 때
아빠는 약 70m쯤에서 딸 것이다.
너무 빠르지도 늦지도 않게 말이야.
앞에서 본 사과보다 크게 보이면 과감하게 딸 거야.

손에 쥐고 난 다음
다른 사람 손에 들린 사과와 비교하지 않을 것이며
나름 최선을 다한 선택에 책임질 것이다.
나오는 길에 더 큰 사과를 보며
일찍 딴 것을 후회하지도 않을 것이다.

한 번 딴 사과
바꿀 수 없지만,
그 사과를 하나님의 선물로 받으면
인생 사과가 된단다.

작은 새

그림책 첫 장을 넘기면,

운전사가 트럭 문을 열고
큰 새들은 하늘로 날아간다.

또 한 장을 넘기니

작은 새 한 마리가 머물러 있다.
운전사는 작은 새에게 무엇이라 소곤거린다.
날아가라고 손짓도 한다.
그럼에도 작은 새는 움직이지 않는다.

운전사는 작은 새가 날아갈 때까지 기다린다.
빵을 나눠주고 하늘을 나는 법까지 가르쳐준다.

하여, 작은 새는 하늘 높이 날아간다.

그림책의 마지막
"작은 것들은 발견되기 위해 태어났다."

제르마노 쥘로의 『작은 새』이다.

사랑하는 너희들이
이 트럭 운전사의 아름다운 눈으로
세상을 아름답게 만들기를 기도한다.

남들 다 보는 것도 못 보는 사람 되지 말고
남들 보지 못하는 것도 보고, 남들 놓치는 것도 볼 수 있길!

샐러드

방콕에서 후배 부부와 식사를 할 때였다.
현지 음식에 질려 대중적인 입맛의 피자 매장을 찾아 갔다.
메뉴판을 보며 피자 한 판에 샐러드,
닭 날개 튀김 한 접시, 폭립을 주문했다.

잠시 후 직원이 돌아와
샐러드는 재료소진으로 주문할 수 없다 말했다.
잠시 망설였다.

'다른 집으로 가야 하나?'
'샐러드 없이 먹어야 하나?'

번거롭고 귀찮아서 샐러드 없이 먹기로 했다.

후배의 아내가 잠깐 화장실 다녀오겠다고 자리를 비우더니
잠시 후, 샐러드 두 접시를 사왔다.

"제가 다른 곳에 가서 사올게요." 했다면
말렸을 터인데
말릴 줄 알고 말없이 가는 디테일을 보여줬지.
어떤 의심도 사지 않게
화장실 가는 연기도 완벽했다.

작은 배려
작은 센스
작은 것 같지만
작은 게 아니다.
엄마 아빠 그 나이에 그렇게 세심하게 배려하지 못했다.

그래서 누군가 말했다.
믿음 소망 사랑 그 중에 제일은 센스.

휴지 한 장

모 회사 최종 면접
마지막까지 남은 후보 다섯 명.
한 명씩 대표 면접을 마치고
한자리에 모였다.

"혹시 면접장으로 이동할 때
복도에서 휴지 주운 분 계신가요?"

한 사람이 주머니에서 휴지를 꺼냈다.

"읽어 주시겠어요."

"우리 회사에 입사한 것을 환영합니다."

대표는 작은 차이를 본 거란다.

들은 이야기인데
출처를 알 수는 없다.
누가 지어냈을 수도 있고...
하지만 디테일의 가치를 강조하고 있구나.

몇 년 후 그 사람은 그 회사의 사장이 됐단다.

0.1 센티미터

제법 비싼 여름 잠옷을 선물 받았다.
단추에 비해 단춧구멍이 컸던 게야.
자다 보면 단추가 다 풀려서
언제 알몸이 될지도 모를 일이었어.

애프터서비스를 받았더니 단춧구멍을 너무 줄였더라.
이젠 단추 채우기가 어렵더구나.
잠옷 산다면 그 브랜드는 피하고 싶다.

인디텍스 그룹의 아만시오 오르데가 사장은
패션으로 자수성가해서 세계 2위의 부자의 반열에 올랐다.

"단춧구멍의 지름을 0.1cm 늘리면 단추 끼우기가 훨씬 편해
질 거요. 옷깃은 조금 덜 세우는 것이 좋겠고, 색감도 한 번
더 확인하는 게 좋겠소."

디테일한 사장을 직원들이 존경했던 이유는
일만이 아니라
직원들의 작은 것도
세심하게 배려했기 때문이란다.

하나에서 천까지

동네 식당 가면 가끔 맛이 다르다.
내 입맛 내 기준의 차이라고 이해하려는 것도 몇 번이지
아예 안 가게 되더라.

맛의 표준을 잡고 매뉴얼을 만들면
여러 곳에 분점을 세울 수 있지만
그렇지 않으면 동네 식당으로
한 가정 먹고 살기도 빠듯하단다.

"콜럼버스는 아메리카 대륙을 발견했고
제퍼슨은 미국을 건국했으며
레이 크록은 미국을 맥도날드화 했다."는 말 들어봤니?

빵 두께 아래·위 17mm
고기와 야채 내용물은 각 10mm
보통 사람이 입을 벌렸을 때
가장 큰 행복감을 느끼는 최적의 크기

주문 카운터 높이 72cm
고객이 지갑을 꺼내 계산할 때 보편적으로 가장 편안한 높이

누가 그러더라
골프 칠 때 공 안 맞는 사람 핑계가 천 개가 넘고
유명한 맛집
숨겨진 디테일이 천 개라고.

레이 크록은 타임지 선정
20세기에 가장 중요한 인물 100인에 선정됐다.

오늘의 그가 있기까지
야밤에 경쟁업체의 쓰레기통을 뒤져가며
정보를 캐냈다는 사실을 아는 사람은 많지 않다.

신발을 벗은 것 뿐

1961년 보스토크 1호에 탑승 할 우주비행사를 뽑았다.
수많은 지원자 중에 19명을 선정했고
그들 모두 우주선에 탑승하는 기회가 주어졌다.

스물일곱 청춘 유리 가가린만 신발을 벗고 탑승했다.
비행기 설계사이며 심사위원이었던 분의 눈에 들어왔지.
심혈을 기울여 만든 우주비행선을
소중히 여기는 그의 경건한 마음에 감동해서
최종합격자로 선정했다.

1957년 항공사관학교를 졸업하고
우주 항공사의 꿈을 키웠던 그는
인류 최초의 우주비행사로 이름을 남겼다.

의외로 큰 사람이 되는 길목에
작은 차이가 있더라.

이것이
디테일의 힘이다.

털

옛날 짚신 장수 아버지와 아들이 살았단다.
같은 공간에서 같은 새끼로 짚신을 만들었지만
언제부턴가 사람들은 아버지 짚신만 사갔어.
비결을 알지 못한 아들이 아버지에게 몇 번 여쭈었지!
스스로 깨닫기를 바란 아버지는 비법을 말해주지 않았다.

세월이 흘러 임종이 가까울 때
아버지는 '털'하고 돌아가셨단다.
아들이 자는 이른 새벽
아버지는 팔러 나갈 짚신의 거친 표면을
예리한 칼로 다듬었던 게야.

아버지가 만든 짚신 구매자는
매끈한 착용감에 끌려서 계속 아버지를 찾았단다.

결재서류 만들 때도 '털'을 제거해라.
오탈자 바로잡고

한 페이지에 두 개 이내의 서체만 사용할 것이며
다양한 컬러보다는 심플하게 꾸며라.
여백과 행간도 꼼꼼히 고려해라.

1%만 바꿔도 인생이 달라진다는 말에 동의한다.
큰 변화도 작은 것에서부터 시작하거든.

보는 것도 못 보면 무식
보는 것만 보면 상식
누구도 볼 수 없는 것 보는 게 능력

짚신 장수 부자 얘기는
할아버지가 아빠에게 들려 주셨다.

한 마디

2018년 여름은 관측 이래 최악의 폭염을 기록했다.
교회 결혼식 참여로 성도들과 함께 교회버스를 이용했지.
예식 후 식사를 마치고 돌아오려는데
버스 운전하시는 분이 열쇠를 잃어 버리셨다.
그분은 교회 집사님으로 대형버스 운전 재능기부를 하신다.

교회에 있는 보조키를 예식장까지 가져오려면
최소 45분은 기다려야 했다.
이미 열쇠를 찾느라 15분이 지났다.

4인 1조로 택시를 타고 복귀하기로 결정하고
택시비는 교회가 지불하기로 했다.
예식장 1층 로비에 모두 모이게 하고 이 사실을 알렸지.

이때 두 가지 디테일을 말했다.

첫째,
"내가 탄 택시비는 직접 내겠다고 말하지 마세요.
교회에서 택시비 받아 가는 분이 머쓱해 집니다.
불편하시면 택시비 받아서 익명으로 헌금하세요."

둘째,
"운전하신 집사님께
'어떻게 키를 잃어버렸어? 어디서 키를 잃어버렸어?'
이렇게 단순 무식한 말 하지 마세요.
어디서 잃어버렸는지 안다면 벌써 찾았겠죠."

"'키를 잃어버려 얼마나 속상하세요.'
공감하는 말 한마디면 충분합니다."

디테일 놓치면 축하 행렬이
장례 행렬로 바뀔지도 모를 일이다.
무식 용감한 사람 총량의 법칙은 예외가 없는 법
예상하고 예방하는 것은 리더의 디테일이다.

한 사람

아빠가 청주에 집회 갔을 때
엄마는 피곤해서 숙소에서 쉬셨다.

점심을 교회에서 집밥으로 준비 했는데
그 교회 부목사님께 엄마를 태워 오시라고 부탁했다.

20분 후 엄마가 왔다.
점심 먹고 숙소에 들어갔는데 엄마가 한마디 하신다.

"여보 그 부목사님 센스 있던데요.
저를 데리러 올 때 자기 아내를 태우고 왔어요.
'저 혼자 오기 뭐해서 아내와 같이 왔습니다.'
그분의 짤막한 한 마디는 세심한 배려였어요."

"그래! 당신이 무서웠던 건 아니고..."

"그 부목사님 사역 옮길 때
우리 교회로 모셨으면 좋겠어요."

"다 때가 있는 법
우리 욕심만 부리고 사람을 데려 올 수는 없습니다.
하나님이 허락하시면 가능할 겁니다."

아빠는 처음부터 욕심났단다.
뵐 때마다 작은 차이를 보였는데
작은 배려가 그 사람을 더 돋보이게 했다.

한 번 더

엄마가 방콕 갔을 때,
잘 섬겨준 분의 딸에게 선물하려 준비한
워너원(Wanna One) 굿즈 기억하니?

두 번째 방문 때는 공항까지 나오셨더라.
딸에게 줄 감사의 선물을 건넸더니
엄마보고 다음날 사무실에서 직접 전하라고 하시더라.
딸 얼굴도 모르고 우린 잊힐 사람이니
아버지의 이름으로
사춘기 딸에게 힘 좀 쓰시라고 말씀드렸더니
못 이기고 알았다고 하셨어.

다음날 일 때문에 그분 사무실에 갔더니
선물을 집으로 가져가지 않으시고 사무실에 두셨더라.
딸과의 극적인 상봉을 준비하셨고
엄마가 직접 전하게 하셨단다.
딸은 거의 기절 수준이었어.

한 번만 생각하지 않고 '한 번 더' 생각하셨더라.
이민자 생활, 사춘기 딸, 한국에서도 구하기 어려운
오매불망 사랑하는 우상을 간접적으로 만나게 해 주고
자신의 이름으로 폼 한번 세울 절호의 기회를
엄마에게 넘기셨더라.

엄마와 아빠는 그분을 참 좋아한단다.
자신을 숨기고 누군가를 세우려는 분
한 번이 아닌 몇 번이고 생각하는 분
작은 차이 같지만 큰 차이란다.

작은 사람은 남의 공을 자기 것으로 가로채지만
큰 사람은 자신의 공을 타인과 나누기를 기뻐한단다.
그래서 더 큰일을 한다.

목적이 이끄는 삶

"이 일을 하는데 돈이 얼마나 들죠?"
돈이 이끄는 삶이다.

"내가 누군데 내게 이렇게..."
"가진 것 없다고 못 배웠다고 무시하네."
상처가 이끄는 삶이다.

"옛날에... 전에는... 지난번 회사에서는..."
과거가 이끄는 사람이다.

생각과 삶이 디테일해도 목적이 잘못되면
디테일은 초라한 사람의 쫀쫀함이 된다.

결과가 나와야 하지만
결과보단 과정을
과정보단 목적을 우선해야 한다.

"인생은 어디에서 왔는가?"
"무엇을 하며 살 것인가?"
"어디로 갈 것인가?"
"어떤 사람으로 기억될 것인가?"

넌, 단 하나 밖에 없는 존재이며
특별한 목적을 가지고 태어났고
공동체를 위해 창조됐단다.

아이폰 쓰려면 애플에 물어보고
갤럭시 쓰려면 삼성에 물어보고
네 인생 쓰려면 널 창조하신 분께 여쭈어라.

떠날 때 담아 갈 수 있는 것은 무형의 자산뿐
사랑의 추억과 희생의 눈물만 담아 갈 수 있단다.
떠날 때 담아 갈 수 있는 것을 위해 살다보면
삶의 결과가 아닌 여정이 복이 된다.

부드러운 의심

사람이나 사안에 대한 섣부른 판단은 금물
깊이 있게 관찰하고
숨겨진 면 들여다봐라.

무엇인가 보일 때
보고 싶은 것만 볼 수도 있다.
정작 봐야 할 것 못 보고
보고 싶은 것만 보는 사람은 못 말리겠더라.

리디아 고(고보경)는 LPGA 토너먼트에서
퍼팅 라인 읽을 때 눈을 감고 몸으로 읽더라.

보이는 것 의심하고
알고 있던 것 지우고
처음부터 보기 시작하면
비로소 보지 못했던 것이 보인다.
눈 감으면 보이는 것이 더 많다.

살면서 이것저것 없다고 말하는 사람 많더라.
없는 것은 없다.
못 본 것일 뿐.

봐서 안다고 확신하지 말고
보고 또 보고, 느끼고 의심하고 검증해라.
쉬운 결론 내지 말고
과정으로 삼으면 실패도 과정이란다.
과하게 의심하면 부정성이 너를 지배한다.

부드러운 의심, 알지!

'질문'에 질문을

상사가 자릴 뜰 때

"어디가세요?"라고 묻지 말거라.
"혹시 누가 찾으면 어디 가셨다고 말씀드릴까요?"
나지막이 여쭈어라.

네가 모신 분이 자리를 비웠는데
그분의 상사가 찾으면
모른다고 말하기가 여러모로 곤란하다.

프로젝트 기획할 때는

"왜 해야 하는가?"
"꼭 해야 하는 일인가?"
"어떻게 해야 하는가?"

"'어떻게'를 어떻게 할 것인가?"
"위험 요인이나 변수는 없을까?"
"변수가 예상 된다면 대안은?"
"버릴 것, 늘릴 것, 당장 할 것, 통합할 것, 줄일 것?"

답이 질문보다 우선 할 수 없다.
질문이 틀리면 답을 내도 답이 아니다.
어리석은 질문은 어리석은 사람이 내고
수준 낮은 질문은 수준 낮은 사람임을 스스로 증명하더라.
한심한 질문은 모두를 바보로 만들 수 있다.

질문의 수준은 그 사람 수준이란다.
답이 틀린 게 아니라
질문이 틀린 경우가 더 허다하더라.

015

좋은 사람에서 위대한 사람으로

독일의 명장 롬멜은
'병사에게 해줄 수 있는 최고의 복지는 훈련'이라 했다.
훈련만이 전쟁에서 사상자를 줄여주기 때문이지.
병사들 복지 위한답시고 훈련을 줄이면
전장에서 목숨을 잃을 가능성이 높아진다.

네가 직장에서 만날 고수는
인간미 부족한 사람처럼 보일 것이다.
그분에게 인간미가 없는 게 아니라
수준이 몇 단계 높은 프로란다.

사람과 일, 공과 사, 업무와 일상을 구분하는 프로를 보고
냉혹한 인간으로 혼란스러워하지 않았으면 좋겠다.

엄마가 대학원 공부할 때
지독하게 독한 교수님이 계셨다.
속으로 욕했는데

일터에서는 힘들고 어렵게 공부한 것이 오래 가더라.

업무도 사석에서도 까다로우면 아마추어
업무도 사석에서도 착하면 바보
업무는 깐깐하지만
사석에서 인간미 넘치면 진정한 프로란다.
그를 이중인격자로 보는 사람은 아마추어
그를 프로로 보는 사람이 프로란다.
무조건 좋음을 추구하는 것이
공동체 미래에 해가 될 수도 있다.

네가 누군가를 이끌 때가 되면
그의 수준을 냉혹하게 파악하고 위임을 해야 한다.
일 못하는 게 그 사람 책임이 아니라
위임하지 말아야 할 것을 위임한 네 책임이란다.
리더십은 직위가 아니라 영향력
위대한 사람은 신뢰와 영향력을 최고의 가치에 둔다.

016

덕승재(德勝才)

사람은 천재를 보고 감탄하지만 따르지는 않더라.
병사는 용장에게 복종하지만 목숨을 맡기진 않더라.
재능 있는 사람에게 배우려 하지만
배우고 나면 떠나기 일쑤더라.
재능만 있는 사람과 오랜 시간을 함께 할 순 없단다.

지식, 용감함, 재능에는
반드시 덕을 갖추어야 한다.

덕은 누군가의 약점과 죄악까지도 덮는다.
이타적인 삶으로 사람을 섬기고
자신도 귀히 여길 줄 아는 것
약자를 무시하지 않고 강자도 존중한다.

사람을 기능으로 보지 않고
존재를 수용하고

어떤 사람도 불편해 하지 않을 포용력이 덕이다.

날마다 순간마다
때마다 시마다
거울에 자신의 모습을 비추고
'난 사람'보다 '된 사람'을 그려라.

"나는 어떤 사람으로 기억될까?"

질문에 답을 준비하며 살아야 한다.

에너지 관리

사람마다 정서와 체력의 한계가 있어
의지력도 차이가 난다.

체력, 정서, 의지력이 무너지면
다시 세우는데 오랜 시간이 필요하더라.
회복탄력성이 약한 사람은 더러 못 일어서기도 하고.

자신을 소중히 여기고
타인의 반응에 네 자신을 내어 주지 말고
가장 너답게 사는 게 중요하다.
외골수가 되란 말이 아니고
넌 하나 밖에 없는 특별한 존재이기에 너의 길을 가라는 것이다.

자신을 위한 투자를 아끼지 말거라.
최소 주 2회 이상 운동을 해야 하는데
어떤 운동을 해야 할지 생각만 하지 말고
이것저것 하다보면 어느새 네 것을 찾을 것이다.

몸이 먼저다.

건강 잃으면 만사가 허사.

건강 잃으면 에너지 잃고

에너지 없으면 열정 사그라지고

인생 피곤에 찌들려 살기 위해 살기 십상이다.

하루에 3시간 이상

너에 의한, 너를 위해 투자하면

10년 후 너는

'기대하는 네'가 되어 있을 게야.

018

분별력

저녁 회식을 위해 두 대의 차가 이동했다.
대표는 자가 운전으로 먼저 출발했고
후배는 11인승 차량에 다른 직원을 태웠다.
문제는 앞선 대표 차가 느려도 너무 느렸다.
추월을 했는데 그만 대표 차 앞에서 큰 사고가 났다.

사망 사고는 아니었지만
운전자는 코피를 흘렸고
조수석 탑승자는 머리를 크게 다쳤다.
뒷좌석 안부는 파악할 겨를도 없었다.

대표가 황급히 차 문을 열며 소리쳤다.
"어디서 상관의 차를 앞지르는 건가!"

리더십에 의심이 가고 섭섭해서 그만 두려 했는데
지금까지 잘 이겨내서
다음 리더십으로 내정됐다더라.

가끔 수준 낮은 리더십도 있단다.
그 사람 때문에 마음 상하면 아직 멀었다.

사람에 대해 평가와 판단 말고
그 사람이 어떤 사람인지 분별해야 한다.
그럼 그가 어떤 상황에서 무슨 말을 해도
그가 누구인지 알고 있다면
당황하거나 마음 빼앗기지 않을 수 있다.

며칠 마음 상할 수 있지만
오래 담아두어 마음의 병으로 만들지 말아라.

사람에 대한 분별력은 지혜 중에 지혜란다.

019

아빠의 오류

삼촌이 식당을 열 때 네가 얘기한 가게 이름이 채택됐잖아.
'우판사판' (우)소고기 (판)파는데 (사)죽을 만큼 싸게 (판)판다.
너는 명민하고 창의적이다.

미국산 최고 등급의 소고기 갈비살, 1.2kg에 48,000원
동네 식당 삼겹살보다 싸게 책정했잖아.
지역에서 가성비 좋은 고기 집이 됐다.
손님이 기분 좋아하고 주인이 섭섭한 가게를 만들어
삼촌 고기 집은 대박났다.

3년 차에 고기 값, 식자재, 최저 임금이 올랐지
추석 때 외갓집에서 가족 회의한 것 기억하지?
아빠는 1.2kg에 52,000원으로 조정하면
고객은 단번에 4,000원 인상이 부담스러울 것 같기에
표시 단위를 300g당 13,000원으로 올리자고 했다.

너는 삼촌 가게는 싸고 푸짐하게 먹는 식당
가격 인상 요인을 손님도 이해 할 것이기에
고객 머릿속 복잡하게 하지 말고
1.2kg에 52,000원으로 가자고 제안했고 채택됐잖아.
결과적으로 네가 옳았다.

손님이 "어 가격 올랐네요."라고 물으면 어떻게 대답할지?
그때 네가 말했다.
"길게 말하지 말고, 네! 좀 올렸습니다."
삼촌이 그대로 했고 며칠 후,
더 이상 가격 인상으로 질문을 하는 고객은 없었단다.

아빠의 생각보다 빠르고 지혜롭더구나.
네 생각이 디테일했고 결과가 좋았다.
아빠 생각이 틀린 건 아니지만 고객을 더 피곤하게 할 뻔 했다.
아빠처럼 네 생각도 언젠가는 오류가 생길 수 있다.
의사 결정할 때, 한 사람에게라도 더 지혜를 구하고
한 번이라도 더 묻고 경청하는 것이 지혜란다.

020

이중적인 타인, 일관성 있는 자아

아빠가 만나본 위대한 리더들은 공통점이 있더라.

첫째, 끊임없이 질문하고 배우는 사람
둘째, 실패를 통해 강해진 사람
셋째, 비둘기와 사자의 얼굴을 하고 있는 괴물

업무에서는 사자같이 강하고 완벽을 꾀하며
빈틈을 허락하지 않지만
일상에서는 동네 아저씨 같더라.

일상에서 까다롭고 일에도 까다로운 사람은 조심해야 한다.
언제 무슨 일로 너를 물려고 덤빌지 몰라.
일상에서 좋고 일하는 것도 까다롭지 않은 사람 역시 멀리해라.
함께 죽을 수도 있다.

일을 떠나선 겸손하고 온유하며
일을 할 때는 사자 같은 사람은 존경해라.

인생 최고의 유혹은 '바라지 말아야 할 것을 바라는 것'이다.
희생을 지불하지 않고
원하는 결과를 기대하는 것은 유혹
유혹이란 바다에 빠져 일생을 표류하다 끝낸 사람 여럿 봤다.

하여,
인생을 아름답게 사는 비결은
이중적인 타인을 탓하지 않고
일관성 있는 자아를 포기하지 않는 것이다.
누구에게 어떤 것도 기대하지 않고
마땅히 자기가 할 일만 생각하면 된다.

타인의 이중성을 보는 눈은 관대하고
네 이중성을 보는 눈은 독해야 한다.

021

생각의 속도

인생에 '기회다!' 싶은 날이 오면
기회인지 위기인지 망설임이 생길 것이다.

결정공포증은 기회를 놓치게 한다.
기회가 왔을 때 생각해 보겠다 하는 것은
준비 안 됐음을 스스로 증명하는 꼴
생각은 기회가 오기 전에 마쳐야 한다.

두 소년이 산에서 호랑이를 만났다.
분석적인 한 녀석은 호랑이와 자신의 달리기 속도를 계산하며
몇 초 후에 잡아먹힐지 알아냈다.
한 녀석은 운동화 끈을 고쳐 맨다.
어차피 죽을 것 뭐하는 거냐고 묻는 친구에게
"너보다 빨리 뛰기만 하면 돼!"

어떤 위기나 기회가 올 것인지,
온다면 어떻게 할 것인지,

예상하는 장애물은 무엇이고 어떻게 넘을 것인지,
미리 '생각'을 생각해라.
호랑이 만난 소년처럼 빠를 땐 빨라야 한다.

기회다 싶으면 도전해라.
네가 생각하는 동안 기회는 준비된 사람의 손에 넘어간다.
생각하고 결정하는 것도 중요하지만
때론 선택하고 뛰면서 생각하는 자가 앞선 경우도 많더라.

기회란 뒷머리가 없단다.
지나가면 잡을 수 없다.

네 삶의 퀀텀 점프(Quantum Jump)는
일하는 방식과 네 자신을 바꿨을 때 일어난다.

022

분별과 설정

사람에 대한 비난은 부메랑이 돼 돌아온다.
어떤 경우라도 비난하지 마라.
비난이란 놈이 습관이 되면 떼려 해도 잘 떨어지지 않는다.

비난 놀이마당에서 동조하면
네 이름 팔아 너를 주범으로 만들 거야.
그냥 영혼 없는 추임새만 넣어라.
"그랬구나, 이런..."

비난은 단점만 찾고 비평은 장점도 보는 것
비난은 죽이는 것이지만 비평은 살리는 것
비난은 본질을 호도하지만 비평은 본질을 찾는 것이다.

관찰은 해도 평가는 하지 마라.
사람에 대한 관찰은 관계 설정을 위한 기초 과정이다.
평가를 쉽게 하면 모르는 사람을 너의 감옥에 가두는 꼴이다.

만나기 전

사귀는 중이라도

그 사람의 과거를 알아가는 것은 필수과정.

예외가 있지만

한 사람의 가족력이나 과거를 무시할 순 없더라.

그 사람의 과거에 그 사람을 담지 말고

오늘을 살아가는 그를 주의 깊게 관찰하고

함께 알아 갈 기회를 주는 것은 관용.

신중하고 조심스럽게 알아가고 만나가면 아플 일 없다.

피해야 할지, 적당한 거리를 유지해야 할지, 인생을 함께 할지

분별과 관계 설정 후 길을 가면 길을 잃지 않는다.

비난하는 자와 가까이 하면 산성비에 영혼이 젖는 꼴

부드럽게 피하는 것이 상책

빨리 피하려 하면 더 많이 젖는다.

023

삶의 원동력

"네 삶은 무엇이 이끌고 있니?"

돈, 행복, 열등감, 인정받고 싶은 욕구,
과거에 받은 상처, 자기 의, 강박관념, 법, 안정된 미래.

다른 사람은 속일 수 있지만 자신은 못 속인다.
자신을 속이기 시작하면
속이고 있다는 것을 알지만 멈추기 어려워진다.
속이기를 반복하면 의식의 왜곡과 합리화에 이르며
내면의 소리를 들을 수 없게 된다.

모든 사람들로부터 인정받으려 하면 평생 불행하단다.
누구보다 더 괜찮은 사람이 아닌
어제의 너보다 더 괜찮은 사람이 되기를 목표해라.

능력과 인격의 균형을 이루기 위해
날마다 셀프 의심, 셀프 질문을 내거라.

"겸손?"

"친절?"

"진정성?"

환경이 네게 역동적으로 다가오진 않는단다.
너의 열정이 네 삶을 역동적으로 만든다.

셀프 질문과 사랑이 삶의 원동력이 된다면
사람은 너를 따르고
역사는 너를 기억할 것이다.

024

정직의 가치

작은 거짓은 더 큰 거짓을 낳는다.
거짓은 자신과 타인에게 죄를 짓는 것
거짓된 사람은 땀 흘리지 않고 대가를 기대한다.
과대망상증에 빠져 인생을 허비하며
단 하루도 자신으로 살지 못하고 남으로 산다.

카페에서 주문한 커피 기다리는데 상사에게 연락이 오면
'들어가는 길'이라 둘러대지 말고
정직하고 부드럽고 심플하게
"회사 앞 카페에서 차 한 잔 기다리고 있습니다."
점심 식사가 늦어져서 차 한 잔 주문하고
기다리고 있다고
작은 변명도 섞지 말고
심플하게 말씀드리면 된다.

수준 높은 사람은
"알았어요. 들어오면 저 좀 봅시다." 할 것이고

수준 낮은 분은
"언제쯤 들어올 것이냐"고 물을 것이다.

핑계 대는 사람
개선의 여지가 없더라.
고수들은 핑계 대는 것 제일 싫어한다.

네가 생각하는 도착 예정시간보다
5분 정도 여유 있게 말씀 드리면 좋다.
네가 가는 길은 생각보다 늦어지고
널 찾는 사람은 생각보다 일찍 오는 법이란다.

정직은 신뢰로 이어진다.
삶의 모든 일에서 정직을 훈련해라.

025

열등감으로부터 구원

초등학생은 외모
중학생은 부모 직업과 사는 집 크기
고등학생은 성적
대학생은 좋은 대학
졸업하면 취업
결혼하면 배우자와 자식을 비교한다.

열등감에서 자유한 사람은 없더라.

열등감은
냉소, 좌절, 두려움, 절망, 비교의식, 피해의식으로 드러난다.
열등감을 가볍게 여기면 부정성이 인생을 휘감아
노예근성이 몸에 밴 괴물로 만든다.

열등감은 가장 무서운 적이다.
버리지 않으면 자존감으로 채울 수 없다.

프랭클린 루즈벨트, 헬렌 켈러, 윈스턴 처칠
앨버트 슈바이처, 마하트마 간디, 앨버트 아인슈타인
인류 역사상 영향력 있는 300명을 연구한 결과
25%는 눈이나 귀 혹은 팔 다리에 장애를 가진 사람이었다.
75%는 역기능의 가정에서 출생했거나 불우한 환경에서 자랐다.

내면의 열등감 확인하고 인정해라.
누구와도 비교하지 말고
너는 단 하나 밖에 없는 존재로 창조된 것을 잊지 말고
말씀과 기도, 묵상으로 삶을 채울 것이며
필요하다면 외부 기관이나 전문가의 도움도 받아라.

열등감은 하나님이 임재하실 마음의 공간으로 읽고
열정과 가능성으로 해석하며
치유를 위해 지난한 과정을 거치면
인생 시상대 최정상에 선단다.

관계에 의해 태어나는 것이 인생
관계를 맺고 살다,
관계를 떠나는 것이 죽음.

관계는 처음이자 끝

세심한 배려 없는 관계는 속 빈 강정
관계를 통해 사람을 배우고
관계를 통해 일을 완성해 간다.

2장
관계의 디테일

026

두 번째 만남

토론토 천사 같은 릴리 클가족 기억하지!
토론토에서 1년간 안식년 보내고
몇 년 후 다시 방문했을 때
30명이나 되는 아빠 지인을 자기 집으로 초대하고
가든 파티를 열어 주셨다.
릴리 가족은 잠시도 앉지 않고
온전히 섬기기만 하셨다.

다시 시간을 달라하셔서
기쁜 마음으로 약속을 잡았다.
호텔 디너를 예약해 놓으셨고
그분 부부와 엄마 아빠
네 사람만 정겹고 깊은 사랑 우려낸 식사를 했다.

그분 큰 아들 지호를 아빠 영어 선생님으로 붙여 주셨을 때
가르침에 대한 작은 성의를 마다하기에
아빠가 얻은 유익보다 지호가 얻은 유익이 더 크기를 기도했지.

.

그 가족과의
첫 번째 만남은 속 깊은 배려
두 번째 만남은 따뜻한 섬김이었다.

관계에서 무엇을 생각하던지
한 번 더
깊고 세심한 배려를 한다면
디테일의 끝판왕이 될 게야.

027

목계지덕(木鷄之德)

장자 달생편에 나오는 이야기

닭싸움을 좋아하던 왕이 기성자에게
용맹한 싸움닭을 최고의 투계로 조련할 것을 명하고
열흘이 지나 물었다.
"닭이 싸우기에 충분한가?"
"아닙니다. 아직 멀었습니다. 닭이 강하긴 하나 교만하여 아
직 자신이 최고인 줄 압니다. 그 교만을 떨치지 않는 한 최고
가 될 수 없습니다."

열흘이 또 지나고 싸우기에 충분한지 확인했다.
"아직 멀었습니다. 이제 교만함은 버렸으나 상대방의 소리
와 그림자에 너무 쉽게 반응합니다."

다시 열흘이 지났다.
"아직 멀었습니다. 조급함은 버렸으나 상대방을 노려보는
눈초리가 너무 공격적입니다."

열흘을 기다린 후 다시 확인 질문을 하자
만족한 표정으로 대답했다.
"이제 된 것 같습니다. 상대방이 아무리 위협을 하고 소리를
질러대도 반응을 하지 않습니다. 마음의 평정을 완전히 찾아
목계(木鷄)가 됐습니다. 어떤 싸움닭이라도 이 닭의 위엄 앞
에서 고개를 숙이고 부리를 감출 것입니다."

자신의 감정을 완전히 통제할 줄 알고
부드러운 눈초리지만
외부 자극에 민감하게 반응하지 않으며
상대에게 위협을 주지 않아도
감히 근접할 수 없는 카리스마를
목계지덕(木鷄之德)이라 한다.

도전에 직면할 것이다.
민감히 반응하지 않고 누구도 위협하지 않고
넉넉한 여유를 쌓으면
덕 있는 고수가 될 것이다.

028

존중의 영성

'간호원'을 '간호사 선생님'으로
호칭을 바꾼 것은 참 잘한 일이다.
존중하는 문화를 만들어 가면 세상이 아름다워진다.

윗사람 만날 때 애매하면 '선생님'이라 불러라.
어르신이라 호칭하면 더 좋겠지만
자칫 어색해 질 수 있어.
어르신의 기준은 칠순으로 잡으면 좋단다.

누가 성씨 묻거든 "안 씨입니다." 답하지 말고
"안 가입니다."
'씨'는 높임말로 자기 자신을 높이는 꼴이다.

간만에 만난 후배라 할지라도
경어법으로 대화한다고 손해 보지 않아.
후배가 편하게 대하라고 하면 그때 친근한 언어로 다가가도 된다.
엄마 아빠는 존칭을 선호한다.

존중의 핵심은 경청이다.
할 말은 1분에 끝내라.
상대방에게 2분 이상 말할 시간을 주고
듣는 동안 3번 정도 호응을 해라.

배우자를 존중하면 그는 세상의 꽃이 되고
부모가 자녀를 존중하면 자녀는 세상의 해가 되고
자녀가 부모를 존중하면 부모는 세상의 달이 되고
형제가 서로를 존중하면 세상의 별이 된다더라.

029
네! 네! 네!

상사가 부르면 "네"라고 짧게 대답하지 말고
"네, ○○님!"이라고 즉답해라.
미국이 아닌 이상 그분 직위를 네 입으로 확인해라.

말씀하실 때 10초에 한 번은 반응해라.
"아, 네" 혹은 "네 네" 그리고 "네 네 네" 반복적인 추임새.
친절과 존중을 담아 빠르게 대답하면 예의 바른 사람에 속한다.

부름받을 때 펜과 메모지 준비는 필수
탁월한 사람은 볼펜을 빌리지 않는단다.
항상 펜을 준비하고 산다더라.
언제 어디서나 메모할 준비가 된 것이다.

전달사항 듣고 책상까지의 길은 멀어도 한참 멀더라.
꼭 받아야만 하는 전화가 올 수도
메모하기도 전에 다른 사람이 너를 불러 세울 수도
혹자는 10분 이상 붙들고 불평을 토로할 수도 있어.

그렇게 되면 전달받은 내용은 기억의 방에서 가출한다.

빤히 뚫어지게 쳐다보면 결례
바라보지 않으면 무례
그분의 눈을 10초에 한 번씩 존경의 마음을 담아 집중해라.
시선은 상대방의 코끝 정도

대화 끝난 다음 자리를 뜰 때는
"네 감사합니다."
"마무리 짓고 보고 드리겠습니다."
마지막 인사 잊지 말아라.

피드백은 빠를수록 좋다.

관계의 파도

진정성 있는 사람이 융통성 없으면 외골수
융통성 있는 사람이 진정성 없으면 사기꾼.

사람 쉽게 판단 말고
쉽게 좋아하지도 싫어하지도 말거라.
누구를 만나던지 평가는 10년을 유보하고
서로를 알아가며 세워주는 과정으로 여겨라.
시간 충분히 주면 자신이 어떤 사람인지 스스로 증명하더라.

지혜로운 사람은
자신에 대해선 인색한 평가를 하지만
타인을 향해서는 관대한 평가를 한단다.

죄인의 악보다 선인의 의가 더 악할 수 있더라.

설익은 사람에게 관계의 다양한 변수와 다름은
버거움이 되지만

준비된 자에게는 신비와 기쁨이란다.
관계의 파도가 높고 거셀수록
프로는 파도타기를 힘들어하지 않고 즐긴다.
아마추어는 살리려 불러도 '대답 없는 너'로 사라지더라.

강에서 파도타기 기대하는 사람은 바보
넓고 거친 바다에서 파도 타는 사람은 프로
관계를 가꿀 준비된 자만 즐길 수 있단다.

사람에 대해 알고, 어떤 사람이던지 사랑하는 법 배우고,
사람과 함께 풍랑 헤쳐나가면
네 인생은 사람으로 인해 아름다워진다.

031

받는 자에서 주는 자로

좋은 사람도 나쁜 사람일 수 있고
나쁜 사람도 좋은 사람일 수 있다.

40일 굶으면 착한 사람도 포악해져.
악했던 사람 쉬이 너그러워지는 것 아니지만
가난한 사람 넉넉해지면 좀 달라지더라.

환경을 뛰어넘는 사람 돼야겠지만
불우한 환경을 넘어서지 못한 사람도
이해하고 받아들이도록 노력하렴.

세상에는 두 종류의 사람만 있단다.
좋은 사람과 나쁜 사람 분류법으로 살지 말고
세움받고자 하는 사람과 세워주고자 하는 사람으로 보거라.

하는 일에서 열매로 너를 세우고
너로 인해 다른 사람 세우고 그와 함께 공동체를 세워가라.

세우지 말아야 할 것은 자존심과 개인주의다.
사람 세웠다 배신당해 세움 포기하는 사람 더러 있던데
구더기 무서워도 장은 담가야 한다.

무슨 일을 하던지 사람 때문에 상처 입을 수 있지만
상처 때문에 사람 세우기를 포기하면
더 넓은 바다로 갈 수 없단다.

별별 사람 다 만나도
네가 얻는 유익보다 너를 통해 누군가 얻는 유익이 더 크면
위대한 사람들의 경주에 초대 받을 것이다.

기억해라! 꼭!
받는 것보다 주는 것이
더 큰 사람으로 살아가게 한다는 것을.

032

이별 연습

첫사랑은 빨리 경험하는 것이 좋고
빨리 잊으면 더 좋다.

헤어짐의 아픔을 두려워하지 말고
더 아름다운 만남을 위한 기회로 읽어라.

두려워해야 할 것은 이별이 아니라
이별이 아파서 이별을 미루는 것.

그 사람이 누군지 잘 알았고 확신이 없을 때는
이별할 때
보여주지 않아도 될 것까지 보여준다.
잦은 이별을 즐길 필요는 없지만
굳이 찾아온다면 사람을 공부할 기회로 해석하면 족하다.

아무리 잘해 줘도 떠날 사람은 떠나고
주는 것 없어도 함께 할 사람은 함께 하더라.

이별의 자리에서 상대방의 과제 풀려하지 말고
자신의 과제에 집중할 것.
고독이 싫어서 이별을 피하면
두 번째 화살을 맞는다.

외로움 달래려 성급하게 만나면
만나지 말아할 사람 만나기 십상
상처는 상처 입은 사람에게 끌리는 게 유유상종의 법칙.

떠난 사람 보내주고
만날 사람 기대하고
헤어짐의 아픔을 사랑의 그릇을 키울 기회로 해석하면
큰 사람 된단다.

033

인사만 잘해도

고리타분한 얘기 좀 하자.

고개만 숙여 인사하는 사람
교만해.

전화 받는 목소리 무게 잡는 손아랫사람
불쾌해.

통화 중 반응 없으면
답답해.

대화할 때 고음인 사람
가벼워.

고음에서만 노는 사람
신경질적으로 보여.

상대의 감정과 사안에 따라
음역대를 고루 쓰는 사람
프로.

소리로만 인사하지 말고
정중하게 머리 숙인다고 네가 낮아지지 않아.
소리없이 머리만 숙이는 인사 말고
정중히 머리 숙여 밝고 맑은 소리로 인사하면
인격.

방문자가 사무실에 들어올 때 누구든지 반갑게 맞이하기.
살짝 일어나서 인사하면 더 좋고
거리가 멀다면
큰소리치지 말고 가볍게 목례만 해라.

헤어질 때

만날 때 인사도 중요하지만
헤어질 때 인사도 중요하더라.

헤어질 때 인사 서두르면
기회주의자.
헤어져야 할 타이밍 못 잡으면
의존반응형.
윗사람 앞에서 먼저 등 돌리면
무례한 사람.

상대가 어떻게 해석할지는 그 사람 자유

만날 때보다
헤어질 때 온도가 더 따뜻한 사람 귀해 보인다.
가볍게 인사하지 말고 정중하게 인사하렴.
머리만 까딱하는 인사 말고 25도 숙여 인사하면 좋단다.

너무 숙여도 굽실거리는 것처럼 보이고
덜 숙여도 교만하게 보인다.

숙이는 속도도 중요해.
느리지도 빠르지도 않아야 하지.
느리면 엎드려 절 받는 느낌
빠르면 경박스러워 보인다.

만난 사람이 고수이면 뒷모습도 본다.
헤어질 때도 품격 있는 사람 있더라.
앞모습보다 뒷모습이 더 아름다운 사람을 찾기 위해
그가 널 끝까지 지켜보고 있다는 것을 알아야한다.

철 지난 말 같지만
인사만 잘해도 밥은 안 굶는다.

035

의전

한국의 배웅 문화를 형식적이라 생각할지 모르나
세계 제일이라 생각한다.

편한 관계는 엘리베이터 앞까지
단독 건물은 1층
자가 운전 하시는 분은 차가 보이지 않을 때까지
10초만 더 투자하면 좋다.

격에 맞는 의전은 필수
연령, 직위, 관계를 고려해서
엘리베이터 앞이나 1층 로비
혹은 주차장까지 갈 것인지 결정해라.

몇 년 전 군단장과 식사할 때
부관을 식탁으로 초대 했더니
두 분 모두 난감해 하더라.

내 생각과 수준으로 대하지 말고
상대 조직의 의전도 숙지해야한다.

연장자의 짐은 꼭 들어드리고
극구 사양하면 존중해라.
사람마다 개인차가 있더라.

프로는 몸이 의전을 기억해서
부족하면 불편하지만 불쾌함을 드러내지는 않을 거야.
그렇다고 그래도 되는 건 아냐
10분을 1시간처럼 쓰는 분이라는 것 기억해라.

036

악수

악수는 공개적이고 안전한 인사법
수백 년 전 잉글랜드에서
'손에 무기가 없음'을 증명하기 위해 악수를 했단다.

조지 워싱턴은
악수가 평범한 사람을 위한 인사라고 믿었기에
존경하는 사람에게는 항상 고개를 숙여 인사했단다.

연장자가 먼저 악수 청하는 것이 일반
연장자가 악수 청하며 두 손을 잡아도
넌 한 손만 내밀어야 한다.

상대의 손 꼭 잡고 흔드는 일은 없어야 하고
목석처럼 경직된 채 악수를 해서도 안 된다.

꼭 잡는 것은 신뢰의 표징
대충 잡는 것은 결례

지나치게 세게 잡는 것은
상대에게 여러 가지 해석의 여지를 남기는 거야.

담대하고 부드럽게 손 내밀어 예의를 표하고
밝고 단아한 미소 머금으면 금상첨화.
대통령이 악수 청해도 당황하지 말고
싫어하는 사람이 청해도 불편해하지 말아라.

나이 차이 크게 나지 않는 이성일 경우
부드럽게 먼저 악수 청하는 것도 나쁘지 않아.
여성이 먼저 악수 청하는 것은 기본.

후배의 아내가 악수를 청할 때
자신감 넘치고 예절 아는 사람 같더라.

037

통화 매뉴얼

통화 매뉴얼이 없다면 만들어야 한다.

전화가 걸려오면 회사 이름, 부서, 네 이름 먼저 밝히고
상대가 찾는 사람이 자리에 없다면
"전화번호 알려 드릴테니 직접 전화하세요."라고
말하면 안 된다.
"번호 남겨 주시면 그분께서 전화 드리도록 하겠습니다."
전화번호 받아두면 더 좋단다.

발신자가 출타한 회사원 전화번호 가르쳐 달라 해도
쉽게 가르쳐 주지 않는 게 좋다.
업무상 중요한 관계라면 전화번호 모를 리 없어.
번호 가르쳐 주지 않아 당할 곤혹보다
가르쳐 줘서 당할 낭패가 훨씬 크단다.

발신자가 바로 앞에 있다고 생각하고

통화하는 태도에 주의 할 것.

네 책상으로 잘못 걸려온 전화에
"제 담당이 아닌데요. 다시 전화 하세요."
이렇게 말하진 않겠지.

통화 연결이 어려우면
모든 일을 네 일처럼 처리해야 한다.
주인의 마음으로 일하면
넌 이미 대표란다.

038

핸드폰 예절

회사에서 전화 받을 때
"전화 주셔서 감사합니다. 안○○입니다."라고 말하렴.
서비스교육 받지 않은 신입 직원이 이렇게 전화 받으면
엄마의 품격도 덩달아 올라간단다.
작은 배려는 너를 아름답게 할거야.

저장된 번호가 뜨면
그분의 이름이나 직책을 먼저 부르며
반갑게 높은 음으로 인사하렴.
자기 전화번호가 네 연락처에 저장된 걸 아는 분에게
모르는 사람처럼 전화 받으면 할 말을 잃게 되더라.

예를 들면,
외할머니께서 전화하셨는데
"여보세요." 하는 것과
"네, 할머니. 잘 계셨죠?" 하는 것은 전혀 다르단다.

꼭 피해야 할 말은 전화가 연결되자마자
"할머니 왜 전화 하셨어요."
왜 하셨겠니?
목소리 듣고 싶어 '그냥' 하신 거란다.
정말 중요한 것은 엄마에게 전화하신다.

사무적으로 딱딱하게 대하는 것은
누구를 막론하고 해서 안 될 짓이야.
바쁘면 시간 내서 전화 하겠다고 미루고
약속 지켜 반드시 다시 전화하렴.
편한 사이일수록 예의는 더 갖춰야 한다.
상대가 통화하는 널 CCTV로 보고 있음을 명심하고!

필요할 때만 전화 하는 사람 되지 말고
평생을 함께 할 사람은 정기적으로 전화 드리고
일상을 정직하게 재구성해서 삶을 나누는 것이
지혜임을 잊지마!

039

빠른 피드백

출장지에 도착하면
도착 보고해야 할 분에게 문자 할 것.
전화 할 필요까진 없고
단체로 팀을 인솔한다면 출발 인원과 시간까지 보고해라.

강사로 초대 받아서 강의를 마치고 나면
초대에 대한 감사 문자는 복귀해서 바로 하는 게 좋아.
시간 지나면 못하게 된다.

대접 받고 나면 감사 인사 하고 헤어지지만
가장 빠른 시간에 다시 감사 문자 보내면 더 좋다.

해외 출장 다녀오면 출국장 빠져 나와
집에 도착하기 전에 무사히 도착했음을 알려 드려라.

충고나 조언을 들어도
바르고 빠르게 반응해야 해.

반응하지 않으면
네가 불쾌하게 생각하는 것으로 비칠 수 있고
너무 낮은 자세로 모든 것 다 받아들일 것처럼 보이면
너의 태도가 되레 의심받을 수도 있다.

"감사합니다. 주신 말씀 기억하고 실천하겠습니다."
짧고 굵게 반응하면 좋단다.

보고 받는 자가 짜증날만한 보고는 피해야 한다.
빠른 피드백도 중요하지만
일을 완수하는 게 더 중요하다.

대표의 성향을 신중하게 파악해
보고의 횟수와 방법, 수준을 결정해라.

040

너는 나를 알지만

한번은 모임에 초대하는 문자가 왔어.
그분 전화번호가 아빠 핸드폰에 입력돼 있지 않았어!
그 모임에 초대받은 이유도 모르겠고.

"혹시 문자 보낸 분이 누구세요?"
이렇게 답신을 보내려다 아빠 딴엔 지혜롭게,

"제가 ○○○○ ○○위원에 선정된 과정도
저를 추천하신 분 성함도, 그 이유도 모릅니다."

바로 답이 왔는데
그때도 자신이 누군지 밝히지 않고 짤막한 문자만 왔다.
"제가 추천했습니다."

"죄송합니다. 문자주신 분 연락처가 저장되어 있지 않아서
요. 혹시 누구신지요?"

그제야 짧게 자신이 누군지 밝히시더라.

그분이 발기인이 된 모임에 가지 않기로 했다.
앞뒤 없이 치고 들어온 분이 추진하는 자리에 가면
후회할 일이 많더라.

너는 그런 사람이 되지 말거라.
사전에 모임의 성격과 목적 알리고
동참 의사 묻고 허락하면 문자나 메일을 보내야 한다.
첫 문자를 보낼 때는 항상 맨 밑줄에 네 이름을 적어라.

네가 그분 알고 있다고
그분이 너를 아는 것은 아니다.

041

소통이 이끄는 삶

아빠가 일하는 곳은 비영리 종교단체
사람을 돌보고 세우는 곳인데
공동체가 점점 커지니 동맥경화 현상이 보인다.

유기체에 속한 모든 사람들 소식
중요한 사람들이 알 수 있도록
공개 카톡방에 올려 소통하면 좋다.
물론, 비밀에 붙여야 할 소식은 올리지 않아야 한다.

그렇게 소통방 하나 만들었는데
훨씬 따뜻하고 섬세한 조직이 되더라.

3M의 임직원 9만 명은 직위에 상관없이
누구라도 다른 직원에게
제품이나 기술에 대해 질문한다더라.
관련 정보를 요구할 수도 있다는데
소통을 통한 자발적 혁신을 위해 만들어진 제도란다.

가족과의 소통을 가치에 두어라.
가족 카톡방에서 소소한 일에 서로 반응하면 따뜻해진다.

속한 공동체에서 소통을 통해 이룰 혁신이 무엇인지 찾아보고
제안하고 실행하면 너는 이미 리더란다.

네가 속한 공동체의 경쟁력이 너로 인해 커지면
너의 영향력이 커지는 법
너를 벼리며 공동체 성장에 공헌하면
모두가 다 행복해진다.

042

말하지 말고 '말'해라

몇 사람이 모인 자리에서 밥이나 커피를 샀다면
네 입으로 알리지 않아도 된다.
누군가 네게 감사를 표하면 짧고 굵게
"감사해하시니 제가 더 감사합니다."라고 답해라.

누군가 샀다면
다른 사람들이 다 알 수 있도록 감사를 표현하고
네가 중간급 지도자 이상이라면
사신 분을 밝히고 박수나 고마움 표현해라.
막내라면 "○○님 감사합니다. 잘 먹겠습니다."
짤막하지만 감사 머금은 인사를 해라.

자기가 산 것은 '오른손이 하는 일 왼손도 알게' 하면서
다른 사람이 사면 누가 샀는지도 모르게
어물쩍 넘어가는 꼴뚜기도 있더라.

공동회비로 밥 사면서 자기 이름 내는 사람은

조심해야 할 사람이다.
언제가 너를 팔아먹을 수도 있을 게야.

타인의 영광 가로채지 말고
네 영광 누군가 먹더라도 개의치 않으면
더 큰 일을 할 수 있는 사람이다.

누군가를 높이며 네가 높아지는 것은 피하고
너를 낮추고 누군가를 높이면 된다.

네 입으로 자기 자랑하지 말고
타인의 덕을 말하고 알리는 것 아까워 말고
감사의 마음은 반복해서 전하면 더 좋다.

043

두 번 건너 한 번

선배가 두 번 식사를 사면 한 번은 꼭 살 것
매번 바로 사려한다면 필요 없는 오해를 살 수 있고
아무것도 하지 않는다면 널 초대하지 않을 수도 있단다.
물론 한 번 살 때 한 번 사야 하는 관계도 있지.
자주 만나는 사이는 더치페이가 좋더라.

대접 받을 때와 할 때를 구별하는 것은 어려운 일이다.
한두 번 사고 한 번쯤 살 기회를 주는 선배라면 성숙한 분이고
오히려 매번 사겠다는 선배가 있으면 조심해야 해.
'세상에 공짜 점심은 없다'
공짜는 기대하지 말고
섬길 때는 바라지 말고 주거라.

유부남이 지속적인 호의 베풀면 흑심
타인에게 잘하고 자기 가족에게 못하면 팔푼이
잘 해주는 사람 좋아하지 말고 올바른 사람 가까이 하렴.

'두 번 건너 한 번' 원칙은 후배에게도 적용된다.
두 번 사고 한 번은 사게 해야
세 번 섬겨도 되지만 장기적인 안목에서
후배에게도 유익하고 너도 기쁘단다.

가슴 뜨겁고 머리 차가운 사람의 과한 대접
가슴 식으면 먹었던 것 토하는 날이 온다.

044

지혜로운 거절

출퇴근 시간에
같은 방향이라고 차를 태워주겠다는 분 있으면
정중하고 부드럽게 거절해라.
그분도 너도 작은 호의 부담 없이 쉽게 생각할 수 있지만
네가 모르는 그분의 애인이나 배우자에게
괜한 오해를 선물하는 것이다.

너의 순수한 생각이 그분의 배우자에게도 순수한 것은 아니다.
너의 선택이 너의 자유였듯
너의 행동을 어떻게 해석할지는 그의 자유
네게 어떻게 행동할지는 그가 선택한다.

출퇴근 동석 쉽게 생각하면 쉬운 사람 되고
어리석은 사람은 자기에게 '호감 있다'로 해석할 수도 있다.

독립된 공간에 둘이 있는 것을 피하는 것만으로도
불필요한 오해를 줄인다.

불가피하게 함께 할 수밖에 없다면
밖에 나갔다 오는 척하며 문 살짝 열어 놓기
고의적이란 느낌 들지 않도록 살짝 열거라.

네가 긴장하면 그분도 긴장해
네가 어색해 하면 그분도 어색해
지나치게 경계하는 태도 보이면 그분이 불쾌할 수 있어.

너의 지혜로운 행동을 그분이 불쾌하게 생각할 이유 없지만
그래도 신경 쓸 일 아니다.

045

부드러운 거절

술자리는 가급적 피하렴.
끝이 좋은 술자리는 못 봤다.

피할 수 없는 술자리면 동석하고
어차피 넌 신앙인으로 술을 마시지 않으니
권하는 분이 있다면
"전 기독교인이라 안마십니다." 라고 말하는 대신에
"네, 감사합니다." 호의적으로 반응하고
살짝 입만 대고 조심스럽게
잔을 보이지 않는 곳에 내려놓으면 된다.

술을 마시면 기독교인이 마셨다고 할 것이고
안마시면 분위기 깼다 할 것이다.

한 잔 더 권하면 빈 그릇에 비우고 다시 잔을 받아라.
억지로 먹이려 하거나 끈질기게 권하는 사람이 있거든
부드럽게 피해라.

그래도 안 되면 아빠에게 일러라.
"혼내 주마."

첫 회식 자리가 중요하다.
한 번 받아주면 점점 무례한 요구를 할 게야.
냉정하게 거절하지 말고 부드럽게 거절하고
술을 마시지 않는 이유를 굳이 설명할 필요는 없다.
마시는 것이 당연한 게 아니라
마시지 않는 게 당연한 사람으로 자리하면 된다.

무례하게 술 권하는 시대는 지났다지만 모를 일
예상치 못한 일이 생길 때
당황하면 준비 안 된 사람
잘 넘기면 준비된 사람이다.

046

사랑 학교

예민한 사람
공로를 가로챈 사람
무책임한 사람
권한을 침탈하는 사람
무례한 사람
폭력적인 언어 쉽게 쓰는 사람
이기적인 사람
피해의식 강한 사람
우쭐대는 사람
견제하는 사람
꼴불견인 사람
더러운 사람

별별 사람 모두 모여 사는 곳이 지구촌
이런 사람 저런 사람 있는 곳이 회사
'사람이 도대체 왜 이러냐?'
생각들면 네 어리석음 드러내는 것이다.

별별 사람 없기를 기대하지 말고
때마다 관용과 사랑을 배우면 된다.

세상은 사랑이 넘치는 곳이 아냐.
사랑을 배우는 학교란다.
사람을 다 이해할 순 없어도 사랑할 순 있더라.
사랑은 존재를 받아들이는 것.
독특한 사람 바꾸려 하지 말고
있는 그대로를 인정하고 받아들이면 된다.

사랑의 한계를 느끼면 힘들텐데
잠시 힘들었다가
네 사랑의 한계가 드러났음을 인식하고
사랑 그릇을 넓힐 기회로 이해하면 좋다.

047

사람 공부

사람에 대한 공부는 인생 시험 중 가장 어려운 과목
사람이 사회거든
사람을 모르면 사람과 함께 할 수 없고
사람과 함께 할 수 없으면
네가 설 땅은 지구촌에 단 한 평도 없단다.

사람 공부의 1단계는 정보수집
모든 네트워킹 활용해서
부정적인 정보 상위 20%
긍정적인 정보 상위 20%는 삭제하고
보편적이고 중간지대의 정보를 종합하고 분석해서
그 사람을 정의해라.

2단계는 관찰
작은 습관과 기호를 파악하고
네가 수집한 정보를 기초로
객관적 관점에서 그 사람을 관찰해라.

정보에만 의지하면 타인의 관점으로 사는 게 되고
무시하면 독선과 오류에서 피할 방법 없다.

3단계는 정보통합, 정보 관리라고도 한다.
수집한 정보를 잘 정리하고 해석해 내는 일
수집된 정보, 그동안의 경험과 지식, 지혜를 활용해서
오차 범위 좁혀 정밀하게 분석해라.

4단계는 연상 훈련
그 사람 앞에 서서 인사하기
말하는 것 손을 놓는 위치까지
머릿속에 그림 그리고 그 사람을 먼저 만나는 거야.

사람 만날 때 어떤 가설과 정보도 의심해보고
객관적이고 신뢰도 있고 겸손하게 접근하며 공부해라.

048

인생 관점

"It's the life!"

"사회생활이 왜 이렇게 힘드냐?"고 말하지 말 것
사회생활은 힘든 게야.

네게 사회생활이 힘들지 않을 거라 말한 사람에게 항변할 것!
난 그렇게 말한 적 없다.
사회생활이 힘들지 않을 것이라 말한 적 없어.
사회생활의 고통은 과정의 일부
환상 깨지고 현실을 인식하는 필수 과정이란다.

"사는 게 왜 이렇게 힘드냐?"고 말하면
삶에 항복하는 꼴
사는 건 힘든 법
힘든 것을 힘들어 하지 않는 게 능력이란다.

결혼해서 힘들 때 힘들다고 말하면 바보
결혼 생활은 힘든 법
사랑하기 때문에 결혼하는 게 아니라
사랑하기 위해 결혼하는 거야.
가정은 사랑학교란다.
그 사람을 바꾸려하지 말고 사랑해라.

배우자는 교화의 대상이 아니라 사랑의 대상이다.
그 사람의 부모도 그를 아직 변화시키지 못했고
그 사람이 믿는 전지전능하신 하나님도
아직 그를 변화시키지 못했으니
네가 그분들을 대신하려 하지 않아야 한다.

인생 관점은
인생은 힘들고 사람을 어리석게 보는 게 아니라
힘든 세상을 즐기고
사람을 사랑하는 관점이란다.

049

좋은 이별

혹시, 어느 날 갑자기 해고 통지서를 받는다면
대범하게 받아들여야 해.
"왜? 저를 해고 시키셨나요?" 묻지 말거라.

해고 통지서가
회사에서 너를 해고하는 것이지
인생에서 너를 해고하는 것은 아니다.
노동법 뒤지고, 고발하고,
네 권리를 주장하지 말고
의무만 생각해.
너를 해고 할 사람은 오직 너뿐
네 삶에 무슨 일이 벌어지든지
그 사건을 통해 배우면 된다.

책상과 사물함 정리 후 인사권자 찾아가서
마지막 인사를 드릴 때 네가 여쭐 한 마디.

"다른 회사에서 일하게 된다면 이런 일이 반복되지 않았으면 좋겠습니다. 제게 부족함이나 주의해야 할 것을 말씀해주실 수 있으세요?"

진정성을 담아 여쭙고 마지막까지 배우면
미래는 너의 것이다.

직장을 잃는다면
그렇게 하면 안 된다는 것을 배울 기회
다른 직장에 다녀 볼 기회
개인 사업 시작할 기회로 받아들이면 된다.

운명론적 체념자 되지 말고
창조론적 개척자 되면
위기가 기회.
성숙의 디딤돌로 수용하면 보약이란다.

050

위기

위기(危機)란 한자어는 위험과 기회의 합성어

위기를 위험으로 보는 것도
기회로 읽는 것도 너의 선택이다.

관계에서 위기가 올 수 있어
불편하게 생각하면 지는 것
관계를 다질 기회로 보면 득이 된다.

무례한 사람에게 최선을 다할 마음의 준비는 미련
무례한 사람은 적절한 거리를 유지하며 기본만 하고
무례한 사람이 무례할 때 흘려보내는 것은 관계의 기술

기술이란 단어를 아빠는 싫어하지만
꼭 필요할 때가 있더라.

남들이 생각할 수 있는 것
그 이상을 생각하는 것이 지혜
네 수준의 한계를 넘을 때 위대함에 이른다.

믿음은 시련을 통해 검증되며
수준은 시험을 통해 확증된다.

절대 일어나지 않았으면 하는 일들이
일어날 수도 있다고 생각하고
준비하는 자만이 위기를 위험이 아닌 기회로 읽어내니
오늘도 바른 길을 준비하는 하루로 보낸다면
미래는 널 향해 웃을 것이다.

관계의 위기는
정직과 겸손, 그리고 책임의식으로 극복한다.

051

상실수업

죽을만큼 사랑했던 사람과 모른 체 지나가는 날이 오고
한 때는 비밀을 공유하던 가까운 친구가
전화 한 통 하지 않을 만큼 멀어 지는 날이 오고
죽이고 싶을 만큼 미웠던 사람과 웃으며 볼 수 있듯이
시간이 지나면 이것 또한 아무것도 아니다.

변해버린 사람 탓하지 말고
떠나버린 사람 붙잡지 말고
그냥 그렇게 겨울이 가고 봄이 오듯
의도적으로 멀리하지 않아도
스치고 떠날 사람은 자연히 멀어지게 되고
아등바등 매달리지 않더라도
내 옆에 남을 사람은 무슨 일이 있더라도 남아준다.

나에게 상처를 안긴 사람에게
마음의 안방을 내어주고
생각, 시간, 마음을 저당잡힌 채

다시 오지 않을 꽃 같은 시간을 힘들게 보낼 필요는 없다.
비바람 불어 흙탕물 뒤집어썼다고 꽃이 아니더냐!
다음에 내릴 비가 씻어준다.

실수는 누구나 하는 것
네가 태어나 걷기까지
삼천 번은 넘어지고 겨우 걷는 법을 배웠다.
이미 삼천 번이나 넘어졌다 일어난 사람인데
별것도 아닌 일에 좌절이라니...

세상에서 가장 슬픈 것은 너무 일찍 죽음을 생각하는 것이고
가장 불행한 것은 너무 늦게 사랑을 깨우치는 것이다.
사람이 아무리 잘났다 뻐긴다 해도
결국 하늘 아래 놓인 건 마찬가지인 것을
높고 높은 하늘에서 보면
모두 똑같이 하찮은 동물보다도 느린 것을
너보다 못한 사람 짓밟고 올라서려 하지 말고

너보다 잘난 사람 시기하고 질투하지도 말며
그냥 있는 그대로의 너를 사랑하며 살았으면 좋겠다.
하늘 아래 있는 것은 다 마찬가지니까.

이 세상을 떠날 때는 다 두고 갈 것이다.

엘리자베스 퀴블러 로스의 〈상실수업〉을 읽은
어느 독자의 글을 정리해서 다듬었다.

아파할 일이 없기를 기대하지 말고
상실을 수업으로 생각하면
학점을 이수하고
상도 받을 수 있단다.

선한 행동보다 선한 동기가 먼저
행동은 마음에서 나온다.

행동이 반복되면 습관이 되고
좋은 습관을 만들면 인생이 달라진다.

때론 마음이 동하지 않아도 몸이 먼저 행하면
좋은 태도가 만들어지고
좋은 태도는 좋은 사람을 만든다.

물론,
좋은 태도는 아름다운 마음에서 출발하지.
마음을 정결케 하는 것은
하나님과의 관계의 친밀감에서 출발한다.

3장
태도의 디테일

052

기적이 오는 길

세네카는 "행운은 준비가 기회를 만날 때 온다." 했다.
기적을 기다리는 어리석은 사람이 되지 말고
기적을 만드는 마음으로 오늘을 살아라.

오늘의 삶이 기적
지금 만나는 사람은 기적의 동반자

아빠가 군종 사병일 때
관심사병 한 사람을 주님께 하듯 했더니
훗날 그 관심사병의 아버지가
아빠를 귀히 여기고 삶의 수준을 올려주는 분이 되셨다.

관심사병의 아버지가
그렇게 중요한 사람인지 모르고 아들을 섬겼던 것이 행운

오늘 하루는 어제 세상을 떠난 사람이
그렇게 살고 싶어 했던 기적의 날이다.

오늘을 대하는 삶의 태도를 보여 주면
미래를 예언할 수 있어.
기적은 오늘 작은 일을 크게 생각하는 자에게 인사한다.

여론 존중하고
군중의 환호 멀리하고
친구 사랑하고
어떤 사람과도 화평을 꾀하고
작은 자 섬기고
무례한 자 적절히 멀리 하고
한 사람을 세상 전부로 알면
세상이 너를 향해 달려온다.

기적은 이미 네 안에 있다.

053

우선순위

일이 먼저 돈은 다음.
지금 하는 일을 기뻐하면 돈은 따라 오는 법
네가 돈을 따라가면 돈이 도망간다.
별 신경 안 쓰고 돈을 대하면 돈이 널 따라온다.

사람이 먼저 돈은 다음.
사람보다 돈을 귀하게 생각하면 짐승
돈보다 사람을 귀하게 여기는 건 기본
기본을 특별한 것으로 생각하지 않으면 특별한 사람이다.

사람 먼저 일 다음.
일 때문에 사람 잃으면 바보
일 못하는 사람은 무능해
일 잘하며 사람도 귀하게 여기면 탁월한 리더가 된다.

엄마 아빠 먼저, 회사 대표 다음.
엄마를 왕비처럼

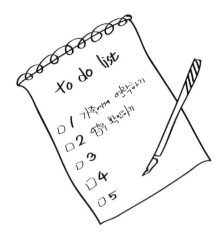

아빠를 황제처럼 대하면
넌 공주란다.

하나님 먼저 사람 다음.
사람의 눈으로 사람을 보면 사람
하나님의 눈으로 사람을 보면 하나님의 사람

상대적인 가르침에 혼란스러워 하지 말고
절대 가르침에 가치를 두면
상대가 누구든지 흔들리지 않을 것이다.

054

1퍼센트만 바꿔도

이민우 씨의 책
『1%만 바꿔도 인생이 달라진다』를 읽은 적 있지!
엄마는 제목 보고 슬쩍 웃었단다.
'1% 바꾼다고 인생이 달라지나?'
그런데 다 읽고 나서는 웃을 수 없었어.

인생의 변화는 작은 것에서 출발해.
식사 후 과자를 먹지 않기로 결단하는 것보다
과자를 잡을 수 없는 곳으로 옮기는 것처럼 말이지.

운동할 시간 없다 말하지 말고
20분만 서둘러 출근하는 건 어때?
세 정류장 전에 내려서 걷는 것이 1%의 차이더라.

출퇴근 시간 스마트폰 음악이 아니라
영어 회화만 들어도 인생이 달라질걸.
물론 음악이 고픈 시간에는 음악이 필요하지만 말이야.

음악은 싫어도 클래식을 듣고
책은 딱딱해도 고전을 읽었으면 좋겠어.

작은 사람 작게 생각하면
작은 사람이 되고
작은 사람 크게 생각하면
큰 사람이 된단다.
작은 차이 작게 생각하면
작은 사람이지만
작은 차이 크게 생각하면
큰 사람이 되는 것처럼 말이지.

날마다 바꿔야 할 1%를 찾아 실행에 옮기면
100일이 지나면 100%의 차이가 나지 않을까!

055

한 자, 두 자

한 가정의 첫 아이, 돌 예배 집례를 부탁받았다.
장소는 '바이킹'이라 했다.

몇 주가 지나 약속한 시간에 갔다.
안내처에서 아이, 엄마, 아빠 이름 다 말했지만
예약자 명단에 없었다.

전화를 했더니 '바이킹스'란다.
우리 동네에 뷔페는 '바이킹'이 제일 컸어.
그동안 몇 차례 돌 예배는 '바이킹'이 전부였다.
'바이킹스'라 했는데 '바이킹스'로 듣고 '바이킹'으로 이해했다.

꽉 막힌 주차장을 나오니 꽉 막힌 도로가 기다렸다.
40분이나 늦게 도착했더니
아이는 지쳤던지 이미 잠이 들었다.
살면서 이런 곤혹스런 경험 다시 하고싶지 않고
이런 결례를 다시는 범하고 싶지 않다.

언젠가 교회 성도의 장례식 때
교구목사를 따라
경희대병원 장례식장에 갔더니 빈소가 없었다.
당황한 교구목사가 몇 초 뒤
'강동경희대병원 장례식장'이란다.
이번에는 두 자 빠졌는데 약 50분을 버렸다.
화가 났지만 '바이킹' 생각하니 관대해졌다.
도리어 있을 수 있는 일이라고 위로했다.

작은 차이, 한 단어가 이렇게 큰 차이를 가져온다.

하여,
디테일하게 묻고
생각하고
접근해서 나쁠 것 없다.

056

숨은 사람

어릴 적 신앙생활을 시작했던 OOO교회가 86주년 되는 해,
엄마 아빠는 기쁜 마음으로 헌당예식에 참석했지.
30년 넘게 찬양대를 섬겼던 고모의 어깨에
힘이 들어가는 날이었어.

재건축 기획부터 완공까지 12년
200억이 넘는 비용이 들었단다.
아빠 친구가 장로님으로 큰 헌신을 했다고 전해 들었어.
정통한 소식에 의하면 상당금액 드린 것으로 추정하지만
알 수 있는 것은 헌금한 친구의 뜻 뿐이었다.

그는 대학 때 서울로 유학 온
수줍음 많고 가난하고 어떻게 보면 초라한 학생
펀드매니저로 전설이 됐다는데 겸손하기로 소문난 사람이다.

행사 끝나고 차라도 한 잔 하려고 찾았는데 만나지 못했다.
엄마 동기도 OOO교회 장로인지라,

"○○ 오빠 안 보이네. 장로님 한 번 뵙고 싶은데 어디계셔?"
"큰 헌신하고 혹시 영광 받을까봐 1부 예배드리고 조용히 집
에 갔다."는 지인의 해석 담긴 말만 전해 들었다.

그런 사람이기에 복을 받았을까?
복을 많이 받아 그런 사람이 됐을까?

돌아오는 길에
엄마와 아빠는 어떤 사람으로 살고 있는지?
어떤 사람으로 기억될지 큰 울림 머금은 대화를 나눴다.

그분은 그날
공로를 치하 받는 길을 떠나
더 깊은 길로
주님을 닮기 위해 좁은 길을 갔다.

057

권력과 영향력의 차이

권력에도 유통기한이 있어.
회사에서 권력 가진 사람 따르지 말고
영향력 있는 자를 찾아라.

누굴 따를지 고민하지 말고
누구든지 너와 함께 일하고 싶어 하는 실력을 갖춰라.

줄 세우는 사람 줄에 서지 말고
줄 찾는 사람 되지 말거라.
실력 없는 사람이 줄을 찾고
실력 있는 사람은
묵묵히 자기 길을 간다.

권력은 있으나 영향력 없는 사람은
오래 가지 않아 추락하고
권력 없어도 영향력 있는 사람은 오래 간다.

가슴 따뜻하고 머리는 차가운 사람이 영향력 있는 사람이다.
영향력은 추위에 떠는 인생을 모이게 하고
겨울을 맞이한 노년에게는 생기를 불어 넣고
피곤에 지친 배우자에게 힘을 주며
미래세대와 청년에게는 꿈을 꾸게 한단다.

영향력은 사람을 따르게 하는 기술이 아니라
사랑이며 본질.
실력과 인격의 균형.

구걸한다고 될 일 아니고
힘으로 가질 수 있는 것도 아닌
내가 만들 수 있는 게 아닌 따르는 사람에 의해 주어진다.

058

시험 앞에서

시험 범위가 50쪽이라면
처음부터 공부하는 사람은 어리석은 사람이다.
중요한 것 중에서 더 중요한 것 순위를 정하고
가장 중요한 것부터 외워야 한다.

네가 중요하게 여기는 것보다
저자나 출제자의 의도를 먼저 생각해야 해.
학습자의 기준으로 생각하면 인생시험은 오답 투성이다.

긴급하지 않고 중요하지 않은 일은 버리고
긴급하고 중요하지 않은 일은 미루고
긴급하지 않고 중요한 일 먼저
긴급하고 중요한 일은 다음에 해라.

긴급하고 중요한 일 먼저 하고나면
긴급하지 않고 중요한 일에 집중력이 떨어지고,
긴급하지 않고 중요한 일 먼저 하면

긴급하고 중요한 일은 꼭 하게 되더라.

인생에는 답 없는 시험이 많아.
특히 관계의 시험에서 감정이 흔들리면
상황 종료 후 후회막급
절대로 화를 절대로 내지 말아야 해.
분노는 분노를 낳는다.

분노를 다스리는 첫 걸음은
분노로 잃어버릴 것을 먼저 생각해라.
분노 없이 살아가기를 결단하고
그분의 도우심을 구하는 기도는 필수다.

시험은 중요한 것을 위해
버려야 할 것을 버리는 것부터 시작한다.

059

도전정신

콜럼버스는 인도를 향해 항해하다 신대륙을 발견했다.
프톨레마이오스의 지구둘레 계산법(29,000km)을 믿었던 게야.
당시 포르투칼 사람들은
에라토스테네스의 계산법(40,000km)을 믿고
인도까지 갈 생각도 못했다.
인도까지 가는 선원들의 식량을 다 실을 배도 없었던 때였다.
프톨레마이오스의 잘못된 계산법을 믿었기에 출항했단다.

너는 100을 준비하면 100을 받더라.
동생은 80을 준비하고 100을 받고.

주식보다 적금을 선호하는 너의 안정성
심지 않은 것을 기대하지 않는 성실성을 높게 산다.

그래도 일생에 세 번은 미친 도전에 몸을 던져라.
실패해도 배울 터이고
실패를 결과가 아니라 준비의 과정으로 해석하면

때가 차면 이룰 것이다.

네 삶에 감이 오거나 촉이 서는 날
올인, 제대로 미쳐라.

돌이킬 수 없는 급류에 인생을 던지면
한계를 넘는 사람의 잔치에 자발적으로 참여하는 것
자기 결박 계약서를 쓴 자들의 승리의 잔치에 초대받을 것이다.

아빠가 보기에
동생이 노력한 것 보다 더 받는 것은
도전 정신이다.

불확실성을 향해 도전한 자의 미래는 확실했고
확실성을 향해 도전한 자의 미래는 불확실했다.

060

죽음의 계곡

죽어도 출근하기 싫은 날은 출근하고
죽어도 만나기 싫은 사람은 만나고
죽어도 못 다닐 회사란 생각이 들면 다녀야 한다.

이직은 가능하지만 좋은 날 옮겨야지
힘든 날 옮기면
다음 회사에서 또 힘든 일 생기면 트라우마 된다.

어떤 경우라도 힘들고 어려울 때 이직해서는 안 된다.
매일 새벽훈련을 한 마라톤 선수도
결승선 2㎞ 정도 남긴 지점에서
죽음의 계곡을 통과한다.

가슴이 터져 죽을 것 같지만
달리는 길밖에 다른 길이 없어.
'사점(死點)'이라고 하는데
그래도 달리고 나면 '살리는 숨'이 터져서

구름 위를 걷듯
날아갈 것 같은 시간이 온단다.
한 해라도 일찍 경험하는 게 좋다.

성장이 끝났거나
일에 흥미가 없다면 이직이 유익하지만
사람과의 갈등 때문에
이직은 절대 안 된다.

어딜 가나 같은 유형의 사람은 언제나 있고
무슨 일을 하던지 '사점'을 만난다.
피해 다니는 사람은 일생을 피하기 십상이고
사점 통과 후 맛보는 황홀감은 경험 못한 채
그 순간, 그 자리만 피해 다니다 인생을 허비한다.

승리는 죽음의 계곡 너머에 있다.

061

매뉴얼은 네 안에

네가 공연장 아르바이트 할 때를 떠올리렴.

'이미자 쇼'에 방문한 할머니들
김밥 들고 들어가겠다는 나름 정당한 이유를 주장하셨잖아.
쇼가 시작되기 전까지 먹어 없앤다고.

비어 있는 비싼 좌석으로 이동하겠다던 할머니
연로하신 부모님 모시고 들어갔다가
앉으시는 것 보고 나오겠다던 분.

그런 사람이 사는 곳이 세상
그런 사람 없기를 기대하면 바보란다.

미소로 원칙을 지키며
잘 이겨냈던 너의 지혜를 앞으로도 기대한다.

노드스트롬 백화점은
디테일한 서비스 매뉴얼을 갖추고
직원 교육 철저하지만
돌발 상황에서는 직원에게 자유와 권한이 주어진다.
고객은 너무나 다양하고
변수는 예측해도 벗어나는 법.

최고의 서비스를 위해 최선책은 위임한단다.
그래서 프로들은
노드스트롬 백화점이 없는 곳에서는
쇼핑하지 않겠다는 사람도 있더라.

모든 결정은 기본과 원칙을 중심으로
네 자신에게 부끄럽지 않는 결정을 하면
네가 매뉴얼이 된다.

062

만지지도 마

출근해서 신문은 손도 대지마.
신문 스크랩이 업무라면 몰라도
회사에선
오직 업무만 집중해라.

주식이나
사적인 주말 스케줄 위한 검색도 피해라.
얼굴은 속일 수 있어도
성실치 않은 네 뒷모습은 숨길 수 없다.

점심시간에 차 한 잔과 신문은 나름 어울리는 조합이지만
근무 시간 차 한 잔과 신문은 성실 의무에 위배
오전에 업무의 80%는 완수하겠다는 마음으로 집중
오후는 효율성이 떨어지더라.

업무상 휴대폰을 쓰는 부서가 아니라면 가까이 두지마.
가족과의 급한 연락은 카톡이나 문자로

사적인 통화를 업무시간에 하면 공사를 구분 못하는 사람 된다.

정말 급한 일이라 치자!
네 핸드폰으로 연결 안 되면
연결하는 법을 찾는 것은 그사람 몫.
어떤 장애물도 넘어서 너를 찾을 것이다.
목마른 사람이 샘을 파게 돼 있다.

혹시 우리 집에 불이 났다고 치자!
엄마가 네게 전화해도 소용없어.
너보다 소방관이 먼저 집에 도착 할게야.

혹시 수행비서 할 땐 예외
전체 회의 중엔 핸드폰 무릎 위에 올려놔라.
대표가 문자로 민감한 사안 질문해 올 수 있다.

063

촌티 모면

최종 면접 통보 받고
엄마랑 백화점에서 클래식한 정장 산 것 기억하니?
지금에서야 하는 말이지만 참 안 어울리더라.

촌티 팍팍 났지만 이미 산 정장이라 말 못했지.
예민해 있어서 더 조심했고
네가 촌스럽다는 말이 아니라 새 옷이 원래 그런 것.

엄마가 회사생활 해봐서 어색함 알고
정말 친한 분의 정장 빌려와
면접 때 입힌 것을 기억하니?
엄마의 순발력에 아빠도 놀랐다.

해서,
사는 것보다 빌리는 것도
나쁘지 않더라.

중요한 일 있을 때
당일 날은 미용실에 가서 커트도 하지 마라.
늦어도 1주일 전에 다듬고
당일 날은 손질하러 들리면 되거든.

새 옷 촌티와 같은 이유로 하는 말이다.

그럴 줄 알았으면
1년 전쯤
면접용 정장 두 벌 정도 사서 이런 저런 일로
입어둘 걸 그랬다.

새것이 언제나
최선의 선택은 아니란다.
주인을 찾기까지 필요충분 시간을
요구하더라.

064

사용 절제

독일에서 공부한 사람이
강의 중에
라틴어 사용하며 한국어로 자가 번역하는 모습이
여러 번 반복되니 짜증나더라.

'그냥 한국어로 하지'

대화 중에 의미 전달을 위해
적합한 단어를 국어사전에서 찾기 어려울 때만
외국어를 사용해라.

대화나 회의 중에
의미전달을 위해 필요한 전문용어가 아니라면
외국어를 허투루 쓰는 것은 극히 자제해야 한다.

쓴다고 큰 일 나는 것 아니지만
듣는 사람이 이해 못할 수도 있어.

그분이 알고 있을 것이라 네가 생각한다고
정말 그분이 알고 있는 게 아냐
전문가들의 일반적인 외래어가
비전문가 무식하게 만들기 십상이다.

쉽게 생각하고 접근해도 되는 것은 없어.
이정도야 알겠지 하는 방심이
누군가에겐 곤혹스러울 수 있어.
전문가 그룹이 아닌 곳에서
전문용어나 외래어 사용을
극히 자제하는 사람이
아름답더라.

절제해도 네 외국어 실력 드러날 날 머지않아 반드시 온다.

065

희생의 법칙

아들! 지금 생각해도 이직할 때
연봉제안 받고 부드러운 협상 후 수용한 것 참 잘했다.
다니던 회사에서 카운트 오퍼 받고
돈보다는 미래
안정보다는 도전을 선택한 네가 자랑스럽다.

회사의 연봉 책정 시스템은 공정하다 생각하고
원하는 연봉을 얻지 못했다면 네 부족함을 찾아보렴.

돈이 아닌 미래를 위한 실행에 올인 했음에도
원하는 것을 얻지 못했다면 지불해야 할 희생이 남은 것이다.

공부 못하는 학생은 언제나 시험공부 다했다지만
성적 나빠 그 이유를 물으면
외운 것이 시험에 나오지 않았다고 하더라.
중요하지 않은 것을 외운 자기 책임은 생각 못하고

일 못하는 목수는 연장 탓
수익 못 내는 사업가는 경기 탓
너는 회사를 위해 최선을 다했다고 생각할지 모르겠으나
그건 어디까지나 네 생각이다.

희생은 한 번으로 풀 수 있는 숙제 아냐.
매년, 매번 풀어야 할 숙제
힘듦을 느낀다면 네 희생의 수준의 한계가 온 것
시상대에서의 면류관에 마음 두지 말고
희생의 여정에 가치를 두면
삶의 열매가 기쁨이 되는 값싼 기쁨 아닌
여정 자체가 기쁨인 가치 있는 기쁨이 된다.

066

SNS와 함께, 그러나

누군가가 SNS에 올린 글이나 사진을 보면
자랑인지 나눔인지 알 수 있어.
아빠가 존경하는 분이 여행지의 사진을 자주 올렸는데
후배 한 명은 자랑질 한다고
그분의 계정에 쓴 소리를 올렸더라.

SNS에서 활동하는 것은 가급적 피해라.
너의 출장소식 알리면 값싼 광고장이로 보일 수 있고
기쁨 나누면
자랑질이라 해석할 자유를 그분들께 드리는 게다.

일상의 소소한 기쁨을 나누지만
받아들일 수 없는 질투의 숲에 사는 사람도 있단다.

가벼운 반응은 가벼운 관계를 만들고
깊고 세심한 배려는 의미 있는 관계로 이어진다.

타인의 소식에 가볍게 반응하는 것에
네 자투리 시간 허비하지 말고
그 시간에 독서와 침묵을 즐기면 좋다.

그렇다고 SNS에서 숨지는 말아라.
세상 흐름이나 지인들의 관심사 정도 알아 두면 좋아
아빠는 연 1-2회 정도만 소식을 올린다.
그분들의 선플에 반응해야 하는 것이 예의인데
시간 소모가 장난 아니더라.

소식 올리고 타인의 반응에 목말라하지 말고
너를 기뻐해라.
타인의 반응이 궁금하다면 하수
자유하면 고수란다.

067

똑똑하고 부지런함을 넘어

직장생활 시작은 똑똑하고 부지런하게
상사 어리석음을 파악하는 일에는 게을러라.
너의 어리석음을 보는 일에는 부지런하고
타인의 눈에 티를 보는 일에는 게을러라.

일생 집중해야 할 일은
자신의 과제에만 집중하는 것이다.

구조적인 모순 보는 눈은 감고
자기 모순 보는 눈은 열어라.
네 눈에 보이는 공동체의 큰 모순은 네 생각
회사 입장에선 작은 일일 뿐이다.

리더가 되면 똑똑하지만 게을러야
아랫사람들이 숨 쉴 수 있어.
똑똑하고 부지런한 사람을 넘어 지혜로운 사람 되길
자기가 모른다는 것 알고

아는 것도 절대적일 수 없음 겸손히 인정하고
네 기억이 완전하지 않다는 것도 항상 기억해라.

매사에 타이밍을 아는 것이 지혜
듣는 마음도 지혜
아는 것을 실행에 옮기면 위대함에 이른다.

똑똑한 사람은 아는 것 많고 말도 많지만
지혜로운 사람은 아는 것은 많으나 말은 적더라.

지혜가 모든 것은 아니다.
한 가지를 더해야 하는데
그것이 사랑이다.

068

그녀의 웃음소리

웃음소리는 그 사람의 인격
경망스럽지 않으면서도 밝은 웃음을 연습해라.

지나치게 크게 웃는 사람은 허풍쟁이
날카로운 웃음은 예민한 사람
쉿소리는 간신배
필요 없이 자주 웃는 사람은 정체성 지수 낮은 사람
웃음 감추거나 입 안에만 두는 사람은
속을 알 수 없는 사람이다.

동의하지 않을 수도 있겠지만
엄마 웃음은 호쾌하지만 절제가 있다는 말을 많이 듣는다.
아빠 웃음소리는 가벼웠지만 교정했다.

치아교정은 얼굴을 아름답게 하지만
웃음교정은 사람을 아름답게 한다.

아빠는 지금도 가끔 거울 앞에서
웃는 연습한다.

입에서만 나오는 웃음소리 말고
마음과 배에서 나와야 해.
네 웃음소릴 녹음해서 들어보면 답이 나올 게야.

웃을 때마다 고개를 숙이는 사람도 있더라.
정수리 웃음이라 하지.
과도하게 숙이지 않는 게 좋아.
상대 얼굴 보며 몸에 힘은 빼고
부드럽고 맑은 웃음의 가치는 매길 수 없단다.

품격 머금은 미소는 꽃으로 핀다.

069

잘 먹는다는 것

가리는 음식이 많으면 까다로워 보이고
지나치게 조금 먹으면 약해 보인단다.

먹는 것까지 이렇게 신경 써야 하다니.
인생 참 어렵지!
"인생 피곤해 못 살겠다."는 너의 볼멘소리가
들리는 것 같구나.
그래, 피곤한 것이 인생이야.

그런데 디테일이 일상화된 사람이 프로란다.
프로는 피곤과 힘든 것을 개의치 않아.

걱정이다, 엄마는…
먹는 것 좋아하고
맛있게 먹고
없으면 만들어서라도 먹고

있는 것은 재창조해서 먹고
무엇보다 잘 먹고
먹는 것 사랑해서 다 살로 갈까봐.

음식 씹을 때 쩝쩝 소리가 나지 않게 하고
음식물이 입에 가득할 때 질문 받으면 난처하니
좀 기다려 주시라고
입 가리며 눈, 몸, 남은 손을 써서 메시지 전하렴.

쌈밥집에 가거든
한 입에 쏙 들어가게 작게 싸서 먹어라.
쌈은 보이는 것 보다 크고 입은 생각보다 작단다.

먹을 때 절제를 아는 사람은 귀해 보이더라.
우리 딸처럼.
가리는 것 없이 잘 먹는 사람은 사람도 좋아 보이고.

070

버림의 미학

네 책상 봤니?
여기저기 널린 메모지
주머니에서 나온 영수증
널브러진 책
과자 봉지까지.

깔끔하게 정리된 날도 있던데
얼마 지나지 않아
같아지는 책상
귀찮아서 포기한 거니?

보물찾기 하듯 책상을 살피는 시간
소중한 보물이 사라진 것은 아니지?

버리지 않으면
정말 소중한 것이
쓰레기에 묻혀 그 빛을 흐리게 한다.

버릴 때
아까워 하지 마라.
비워야 더 가치있는 것으로 채워진다.

다음에 버린다는 것은 버리지 않겠다는 게야.
습관적으로 검토하고
다음에 필요할 것 같은 자료는
당장 파일로 만들어 저장해라.

매일 5분 책상 정리만 해도
네 인생에서 정리할 일 준다.

적절함의 미학

대화할 때 말하는 속도 체크할 것!
빠르면 급해 보이고
느리고 낮으면 건방져 보인다.
적당하다는 말 애매할 텐데
너는 말이 좀 빠르고 톤도 높은 편이니
말하는 속도 20%만 늦춰라.

좀 편한 선후배와 만남에서 대화할 땐
친근감 있는 표현이 좋고
상사에게는 깍듯한 경어가 좋다.

친한 사이에 지나친 예의를 갖추는 것은 피할 일이지만
친밀함의 범위와 개인차를 생각하고
친하다 해도 경어가 탈이 되지는 않더라.
모든 관계에 존칭 사용하면 인격이 된다.

문자 메시지 보낼 때도 짧은 문장은 주의할 것
정중하고 긴 문장으로 보내는 게 좋다.

'간다고 하네요.'가 아니라 '간다고 합니다.'
'그걸 알아요?' 대신 '그것을 아십니까?'
'그런 거군요.'라는 표현은 '그런 것이었습니까?'
'온다고 하네요.'가 아니라 '온다고 하셨습니다.'
'시간 될 때 전화 주세요.'라는 말은
'전화 가능한 시간 주시면 전화 올리겠습니다.'

유대인을 만나면 유대 철학으로
로마인을 만나면 로마 예술로
헬라인을 만나면 지식으로.

072

손가락이 아닌 손

무엇인가를 가리킬 때
손가락 하나보다는
손으로 방향을 가리키는 게 좋다.
검지로 방향 가리키는 사람 보면
건방진 사람으로 보이더라.

거절할 때도 손가락 아닌 손을 사용해라.
손을 쓰지 않고 부드럽게 거절하면 더 좋고
손사래를 칠 일이 있어도
너무 빠르게 치지 말고
한 번만 오른쪽에서 왼쪽으로 느리게 해라.

왼쪽에서 오른쪽으로 속도가 붙으면
자칫 칼잡이처럼 보일 수 있어
웃을 때처럼 손동작에도
절제가 필요하단다.

의사전달을 할 때
손동작에 절제가 없으면 산만해 보여
결정적일 때나 친근한 표현할 때
과하지 않게 사용하는 게 좋다.

김연아의 평창 올림픽 유치를 위한 연설에서
손동작을 기억해라.
어색하지 않으면서도 자신감 있게
맑으면서도 당당하더라.

작은 차이는 연습 또 연습뿐이다.
그 어떤 것도 쉽게 얻어지는 것 없어
주연급 배우일수록 작은 한 동작도 쉽게 생각하지 않아
디테일하게 연습하고 또 연습하더라.
한 동작을 천 번 연습하면 연기가 아닌 삶이 된다.

073

시선

상사가 가르치거나 책망을 할 땐
시선 피하지 말고
뚫어지게 쳐다보지도 말아야 한다.

시선 아래로 향하면 항의
똑바로 쳐다보면 도전
감으면 무시로 해석할 수 있다.
눈에 힘 넣고 응시해서도
너무 자주 깜박여도 안 된다.

가르침 받거나 지시 사항 받을 때
절대로 고개 푹 숙이지 마라.
그렇게 하면 어떤 언어폭력이 튀어 나올지
누구도 예상할 수 없다.

네 눈으로 네 눈을 봐라.
심각할 땐 진지한 눈

화났을 땐 부드러운 눈
답답할 땐 친절한 눈
미래 대안을 찾을 땐 용기 있고 창의성 있는 눈을 구해라.

회의 시간에 딴 생각 하면
영혼 없는 사람으로 보여.
네 눈에 지루함을 상사가 읽어내지 않도록
주제에 집중해라.

눈은 그 사람을 머금고 있어
입으로 사람을 속일 순 있어도
눈으로는 쉽지 않다.

눈으로 말하고
눈으로 반응하는 진정성도 필요하다.

074

탈 때와 내릴 때

승강기를 탈 때 상사가 먼저 타면
모두가 탈 때까지 밖에서 버튼 누르고
혹여 먼저 타게 된다면
모두가 탈 때까지 열림 버튼을 눌러라.
역시
내릴 때는 맨 마지막에 내리고
처음과 같이 열림 버튼을 눌러라.
회사 아닌 백화점이나 공공장소에서도
작은 배려는 나쁘지 않더라.

차를 탈 때는
조수석 뒷자리가 상석인 건 알지?
세 사람이 움직일 때
운전자 옆 자리(조수석)에 네가 앉고
나중에 타고 먼저 내려서 문 열어 드려라.

승합차를 타고 움직일 때에는
먼저 맨 뒷 자석에 타는 것이 좋다.
배려한답시고 먼저 타게 하면
눈치 없고 뭘 모르는 사람 된다.
마지막에 탈 자리가 상석이다.

누군가를 배웅할 때 차 문 닫아 주면 좋다.
닫아줄 때 너무 세게 닫지 말고.

대형차 문은 약간 무거워서 첫 힘은 더 필요하고
마무리 힘은 절제해야 한다.
경차는 첫 힘이 덜 필요하고
마지막 힘은 확실하게 실어야 한 번에 끝.

075

결혼생활

그는
감옥에서 매일 같이 자행되는 매질과 고문을 참아냈고
40도가 넘는 남아공 사막에서 강제 노역을 이겨냈단다.

27년간 감옥에서 건강을 지킨 비결을 묻는 기자의 질문에

"나는 감옥에서 하나님께 늘 감사했습니다.
하늘을 보고 감사하고
땅을 보고 감사하고
물을 마시고 감사하고
음식을 먹으며 감사하고
강제 노역을 할 때도 감사하고
늘 감사했기 때문에 건강을 지킬 수 있었습니다."

누군지 알겠지?

1993년 노벨 평화상을 수상한 넬슨 만델라.

감옥에서 고문, 노역, 매질을 이겨내고 자신을 지켰지만
그랬던 그도 가정은 지키지 못 했어.
출옥한지 6개월 만에 아내와 이혼했거든.

가정을 지킨다는 것은 네 평생에
가장 힘든 싸움이 될 게야.
가정을 지키려면 네가 죽어야 해.
가정을 지키기 위해 죽으면 살 것이고 살려하면 죽을 것이다.

배우자 때문에 힘들다면
네가 선택한 것이기에 네 책임
자녀가 마음에 안 들어도 너의 자녀이기에 네 책임
네가 죽으면 모두가 살고
모두가 살면 네가 산다.
엄마가 죽어 우리 가족이 있듯이.

076

부모가 된다는 것

결혼해서 아이 낳으면
배우자와의 관계보다 더 어려운 시험이 기다린다.

배우자와의 만남은 선택과 필연의 결합이지만
자식과의 만남은 필연적이기에
바꿀 수도 버릴 수도 없단다.

자녀들은 부모가 말한 대로 크지 않고
보여주는 대로 큰다.
부모의 앞모습 아닌 뒷모습
숨겨진 모습을 보고 큰다.

아이들이 초등학교 입학할 때
좋은 담임선생님 만나길 기도하지 말고
담임선생님께 좋은 학생이 되기를 기도해라.

큰 애는 둘째처럼 둘째는 큰 애처럼
아들은 딸처럼 딸은 아들처럼
자녀를 향한 공정한 저울추를 가졌는지
냉정한 자기 관찰을 하고
독립적인 존재로 살아가도록 작은 일부터 위임해라.

가난하다면 가난이 주는 유익을 찾고
부유해도 절제를 가르치고
주는 자가 받는 자보다 복되므로 주는 자로 훈련시켜라.

엄마 아빠는 너희 둘을 키우면서
단 한 번도 '누나만 예뻐해! 동생만 예뻐해!'
이런 말을 듣지 않았다.

일상이 어두우면 허무
일상이 무료하면 방황
일상이 바쁘면 과속
일상에 열매 없으면 무능한 사람

'지금'은 황금보다 귀한 '금'
오늘이 내일을 이룬다.

일상에서 디테일은
디테일을 중요하게 생각하는 가치에서 출발하고
현재는 너의 과거의 결과물
미래는 오늘의 열매
미래에 대한 막연한 기대와 위험한 믿음 가지지 말고

일상을
소중하게
세심하게
진실하게 살아야 미래가 된다.

4장
일상과 디테일

077

관점 구원을 넘어

세계적인 신학자 달라스 윌라드는
인생에는 두 번의 구원이 필요하다고 했다.

첫째, 죄악으로부터의 구원
둘째, 관점의 구원

헬렌 켈러는 대학 총장이 된다면,
'보는 법'을 필수과목에 넣겠다고 했다.

괴팍한 직장 상사를 보는 눈
타락한 세상을 보는 눈
허접한 이중인격자를 보는 눈
자기 자신을 보는 눈

경찰, 검사, 재판관의 눈이 아닌 아버지 어머니의 눈을 가져라.
심판자가 아닌 구속의 관점을 구해라.

네 옆에 많은 책 중에 성경을 두고
하루에 적어도 한 장 이상 읽어가며 마음을 다스린다면
10년 후,
너는 내가 기대하는 이상의 네가 되어 있을 것이다.

사랑하면 보인다.
간절하면 보이고
해체하면 재구성할 수 있다.

관점 구원을 넘어 디테일하게 보는 눈을 구해라.
디테일하게 본다는 게 쉬운 일이 아니지만
디테일하게 보면 작은 것도 놓치지 않아
작은 일에 충성된 사람에게 큰 일을 할 기회도 주어진다.

078

내가 알지

이탈리아 시스티나 성당에 갔을 때
너도 미켈란젤로의 '천지창조'를 감상했지!
세 번 봤는데 볼 때 마다 느낌이 다르더라.
저걸 사람이 그렸다니!
탄식이 절로 나왔다.

프레스코 기법 천정화를 그리다보면
한쪽 얼굴에 물감 떨어지는 것을 피할 수 없어.
오른쪽 얼굴엔 피부병
목은 기울고, 몸은 꼬여 디스크가 생겼고
오른쪽 눈에는 눈병을 앓은 채로
4년간 오직 한 사람이 완성한 역작이란다.

하루는 애잔한 마음으로 지켜보던 친구가

"여보게 잘 보이지도 않는 구석까지 뭘 그렇게
정성을 들여 그리나? 그걸 누가 알아준다고!"

미켈란젤로는 이렇게 대답 했단다.
"내가 알지!"

누가 알아주던지, 알아주지 않던지
일 자체가 좋아서 일을 사랑하는 것을
심리학에서는
'미켈란젤로 동기(Motive of Michelangelo)'라고 하더라.

다른 사람은 속여도 자신은 못 속이는 법
자기 자신에게 부끄럽지 않고
하나님 앞에 정직한 자로 살아가면
삶은 너를 찾을 것이다.
자신에게 부끄럽지 않은 사람이 된다는 것
결코 쉬운 일이 아니더라.

079

최고의 자산

상사의 CCTV 성능은 세계 최고
눈은 천리안, 땅속 천리까지 본다.

공과 사를 구분 못하는 사람은 구제불능
출장 갔다 돌아오는 길도 마찬가지란다.
예정보다 일찍 끝나 회사 들어가서 할 일 없고
혹 피곤해서 사우나 갈 수도 있다.

옷 벗고 있을 때 전화 와서 어디냐고 물으면
"일이 일찍 끝나서 잠깐 사우나 들렀습니다."
짧고 굵게 말씀드려라.
출장 갔다 귀사 시간에 사우나에 가서는 안 되겠지만
예를 들면 그렇다는 것
프로는 네가 얼버무리는 것까지 안단다.

세상에 감출 수 있는 일은 아무 것도 없어

회사 대표가 같은 사우나 건너편 옷장에 있다고 생각해라.

하나님보다 상사가 훨씬 무섭다.

상사가 하나님보다 자비로울 수 없거든.

정직은 최고의 능력

정결은 최대의 사랑

순종은 완전한 자유

미움 받을 용기가 있어야 정직할 수 있다.

080

선물

받아 본 선물 중에서
작지만 감동을 주고
크지만 무의미한 게 있더라.

선물을 하는 사람이나 받는 사람이
자연스러우면 좋으련만
서로가 불편하면 선물 아닌 뇌물
관계의 수준 고려해 선물의 수준 정하고
깊게 생각하고 마음 담은 선물이면 족하다.

받은 선물 재활용 하지 말고
받은 선물 함께 나누고 싶다고
정직하게 말해라.

옆 사람이 봐도 되는 선물
보이지 않게 해야 하는 선물
구별하는 것도 지혜.

누가 봐도 되는 선물
보이지 않게 하려는 바보 되지 말고
보이지 않게 해야 하는 선물
보이게 하는 미련함 범치 말고
선물만 보내야 할 곳에 몸이 가지 않게 하고
찾아뵙고 드려야 할 선물일 때
선물만 보내지도 말거라.

잠언에서 선물은
존귀한 자 앞으로 인도한다고 했다.
어디를 가던지 빈손으로 가지 말고
어떤 선물도 기대하는 사람 되지 말아라.

선물할 때는 '김영란 법' 잘 따져봐서
네 선의가 누군가에게 해가 되지 않게 해라.

081

비밀병기

14년 동안 GE 회장 잭 웰치를 보좌한
로잔 배더우스키는
자신을 이렇게 소개한다.

말하는 자동응답기
워드프로세서
심부름꾼
친구
잔소리꾼
오타 확인자
소리 나는 칠판
수선공
치어리더

그에게 그녀는
친구이자 파트너
동행자이자 가족같이

잔소리를 할 수 있는 사람
리더의 감정과 속마음까지 꿰뚫어 보는 예언자

그래서 사람들은
그녀를
잭 웰치의 비밀병기라 불렀다.

모든 직업군이
이렇게 상사를 보좌할 필요는 없지만
그녀의 정신만은 높이 사고 싶다.

네가 꼭 이렇게 살 필요는 없지만
자신을 심부름꾼으로 자랑할 수 있는 것은
프로만이 가능하다.

일대일 식사

가끔 불편한 사람에게
불편한 식사 초청 받으면
부드럽게 거절해라.
불쾌하게 거절하면
무슨 일이 벌어질지 예상할 수 없다.

불편한 사람과 식사하기가
죽기보다 싫을 수 있지만
싫어하는 사람과 싫어하는 음식 먹다가
죽었다는 사람은 못 봤다.

싫어하는 것은 안 하고 살길 기대하면 어리다는 증거
피할 수 없는 불편한 만남이라면 즐겨라.
프로는 불편해도 필요한 만남이라면 즐긴다.

불편한 사람과의 식사 때는 식사량의 70%만 먹어라.
불편한 마음으로 먹으면 탈이 날 확률이 높더라.

대접 받을 때는 잘 먹는 것이 중요해
식사 중에 맛있다고 두 번은 말해라.
네가 누군가에게 식사 대접 해보면 알 텐데
맛있다고 감사하며 먹는 사람에게 호감가고
단지 먹기만 하는 사람은 비호감
먹고도 감사 인사 안하면 무례한 사람 된다.

네가 밥 살 때
고마움 모르는 비호감에게 마음 뺏기지 말고
아직 예절을 못 배운 것이라 이해해라.

허겁지겁 먹지 말고 단아하게 맛있게 먹기
알지? 무슨 말인지!

083

하나를 더

아빠가 해외에서 집회할 때였다.
식사를 마치고
현지 문화를 담은 디저트 매장을 소개했다.
독특하고 맛있어서
돌아오기 전에 엄마의 간청으로 한 번 더 갔지.

팀 출장이나 함께 움직일 때
주변 맛집이나 명소를 미리 파악해 놓고
이동 중 먹을 수 있는 간단한 요깃거리 준비하면 좋다.

맛집 검색에
인적 네트워킹 활용해서
SNS에서도 찾을 수 없는
지역 주민들이 사랑하는 맛집 알아두고
적절한 타이밍에 권하면
출장도 너로 인해 소풍 된다.

아빠 운동갈 때
엄마가 늘 함께 하실 분 간단한 간식 챙기는 것 알지.

더하여
유머 한두 개 준비해 가면 출장도 잔치된다.

볼 수 없는 것 보고
다들 아는 것 넘어서고
길이 없다면 길 만들고
묻지 않는 것까지 준비하고
하나를 더 준비한 사람에게
기회가 손들고 격하게 환영하더라.

084

책임감

고집 센 상사에게
어떤 경우라도 설득이나 저항하지 말고
부드럽게
"네 죄송합니다. 시정하겠습니다."라고 수용하고
"어떻게 하면 될까요?"
다시 질문해라.

지시 받은 일은 그 자리에서 처리하고
결과는 반드시 보고하고
대면 보고가 어렵다면 문자라도 남겨야 후한이 준다.

자기 짐도 못 지는 사람은 무책임
자기 짐만 지는 사람은 보통
자기 짐도 못 지고 남의 짐을 지려는 자는 오지랖
자기 책임은 완벽에 완벽을 추구하고
남의 짐도 진다면 탁월.

무책임을 반복하는 사람과는 보이지 않는 선 긋고
무례한 요구 반복하는 사람은 부드럽게 거절해라.
부드럽게 거절해도 계속 밀고 들어오면
겸손하지만 단호하게 그리고 분명하게 거절해라.

원망을 책임으로만 바꿔도
인생 달라진다.

성공의 열매 생기거든
영광은 하나님께
공이나 상은 다른 사람에게
책임은 자기가 지면 세상이 아름다워진다.

085

확인사살

상사의 지시 사항은 구체적으로 다시 묻고
확인하고 점검해라.

상사가 지시 할 땐
그의 뇌 속에 그림이 그려져 있기에
전이해를 하고 말한다.

본인이 말한 것을
네가 모두 이해할 것이라 생각하기에
지시 받은 일에 대해서는
네가 바르게 이해했는지 확인해라.

어떤 일은 아침에 지시하고
완료 시한을 말해주지 않았는데
몇 시간 후 결과를 요구하는 경우도 있더라.

위임 받을 때
가용자원
실현 가능성과 원하는 목표
구체화의 구체화
주어진 시간을 여쭈어라.

열심히 일한다고 좋아하는 상사는 없어.
효율적으로 시간 사용하고 튼실한 효과를 내야 한다.

"지금 지시하신 일이 이건데, 이렇게 하면 되나요?"
"제가 바르게 이해했습니까?"
"구체적으로 한 번만 더 설명해 주세요."
"실례지만 언제까지 마쳐야 하는 일인가요?"

지시받은 일은 최종 시한 전에 해드리는 게 최선이다.

086

셀프 격려, 셀프 디스

출근시간은 회사 도착 시간이 아니라
업무 시작할 시간이다.

하여,
최소 15분 전에는 출근해라.
프로들은 허겁지겁 출근하거나
지각하는 사람 제일 싫어한다.
아빠는 30분 전에 출근하라고 말하고 싶으나
네가 무시할 것 같구나.

한 시간만 일찍 출근하면
숨 막히는 출근길
콩나물시루에서 에너지 뺏긴 채로
하루 시작하지 않아도 된다.

일찍 도착하면 자기 계발에 투자해라.
독서와 운동이 제일이다.

15분 전 도착해서 업무 준비를 마치면

"나는 위대한 사람이다.
위대한 사람은 지금 여기에서 최선 다한다.
나는 창의적인 사람이다.
오늘은 어제와 다르게 생각한다.
나로 인해 다른 사람이 복받게 할 것이다."

'1분 셀프 격려'로 에너지를 집중해라.

퇴근 15분 전에는
"스스로 부끄럽지 않게 살았는가?"
"시간관리, 업무 효율성, 성과는? 밥값은 했는가?"

'1분 셀프 디스'로 부족함을 다듬어라.

087

확실한 기억보다 희미한 잉크

퇴근 전 내일 할 일 메모는 필수란다.
다음날 되면 기억에 한계가 있기에
그래서 엄마는 다음날 들고 나갈 것은
미리 준비해 현관 앞에 둔단다.

메모장 버리지 말고 매년 보관할 것!
메모장이 쌓이면 네가 큰 사람의 반열에 섰다는 증거야.
메모는 밝은 미래로 너를 안내할거야.

확실한 기억보다 희미한 잉크가 오래 간다는 사실 기억하렴.
스마트기기 너무 믿지 말고!
그녀석이 미치거나 집 나가면 정말 미친다 미쳐.

자료는 반드시 백업을 받고
외장하드 하나 사서 보관하면
세상 어떤 보험보다 안전하단다.

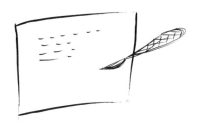

다만,
일회성 업무는 포스트잇에 적어놓고
완료한 후 떼어 버리면 되고
모든 문서는 버릴 때 심사숙고 하는 거 알지?

남기지 말아야 할 자료는 먼지로 만들어라.
요즘은 세단한 서류 풀질하는 사람도 있고
그 밤에 경쟁사가 쓰레기통을 뒤지기도 한다더라.

088

공감 능력

아픈 사람과 함께 아파하고
우는 자들과 함께 울고
기뻐하는 자들과 함께 기뻐하는 것이
공감이다.

너의 첫 출근 날
아빠에게 축하 메시지를 보내
함께 기뻐해 주신 그분 기억하지!
아빠가 네게 전달한 그 문자
마음을 담아 가장 적합한 타이밍에 보내주셨거든.
그분의 문자를 생각하면 공감의 답이 나온다.

아픔은 시간과 마음을 나누는 것
말이 아닌 마음과 함께함으로 위로해라.
그냥 함께하는 시간을 충분히 드려라.

시간이 지난 후
누군가 자신의 아픔을 다시 꺼내기 전에
먼저 아픔을 들추지 말거라.
아픔 당한 분이 숨겨 놓은 것을
다시 꺼내는 것은 큰 죄란다.

기쁜 일은
넘치도록 세 번 이상 격하게 축하하고
다음번 만날 때 기억하고 또 축하해라.
축하는 유통기한이 없게 하고
모자람이 없게 넘치도록 하는 게 좋다.

마음 없는 위로 경박하고
공감 없는 축하 의미없고
축하할 일 기억 못하면 완전 얄밉더라.

089

흘리지 말아야 할 것

회사에서 어떤 경우라도
눈물 보여서는 안 된다.
우는 것도 전염성이 있어
유사한 환경 조성되면 울음이 먼저 일 수 있다.

분노가 치솟고
결례를 당하고
인신공격을 받거나
무시당해도
눈물은 안 된다.
유약함의 대명사가 눈물이더라.

널 무시하는 사람 있다면 개의치 말거라.
그는 자신을 무시하는 거란다.

결혼해서 아이를 낳으면
자녀들 앞에서 어떤 경우라도

눈물 보이지 마라.
부모가 울면 자녀는 무너지고
부모를 위로하려 자신의 슬픔을 유예했다가
터지지 말아야 할 때 터진다.

눈물의 순기능도 많지만
잘못된 장소에서
잘못된 타이밍에 흘리면
역기능이 된다.

눈물은 친구나 부모에게
아픔은 하나님께 부어드려라.
너의 눈물을 그분의 잔에 채우면
보석이 된다.

거절당할 용기

상사에게 부탁 할 일 있으면
'생각'을 생각해라.

말해야 할 일인지
말해도 안 될 일인지,
해서는 안 될 것을 말하는 것은
미련의 극치란다.

네가 당연하다고 생각하는 일도
거절당할 수 있다고 생각을 하는 거야.
거절당할 때
거절을 담백하게 수용할 준비까지 해라.

거절당할 때
속으로 머금은 너의 불편함도
티가 나기 마련이고
반복하면 관계의 지옥문이 열린다.

이 정도는 당연히 해줄 것이라
생각하는 것은 네 생각
크고 중요한 일 같지만
그분께는 아닐 수 있다.

그 사람은 네가 뭐래도 그 사람
거절당해도 흔들리지 않을 마음 준비해야
일상이 행복하다.

용기 중에 용기는 거절당할 용기
거절당할 용기만 있어도
인생 후회 줄더라.

091

속도전

우리교회 부흥회 때
성결교단 대형교회 목사님이 강사로 오셨는데
둘째 날까지는 좀 산만한 분인가 싶었다.
모시는데 정신이 없었거든.

셋째 날
우리교회에서 배울 게 있다고 사진에 담으시더라.
다음날 지방에서 담당 교역자들이 올라왔다.

집회 마치고 내려가서
다음날 조회 시간에 벤치마킹 하라는 것이 일반인데
집회 중 바로 그날 배우시더라.

아빠가 만난 고수들은
하나같이 속도광
성격이 급한 게 아니라
일을 뒤로 미루는 법이 없더라.

배우는 일에 빠르고
행동으로 옮길 때는 더 빠르고
때론 생각보다 행동이 빠른 것처럼 보이는 것이
고수의 특징이다.
미루면 못한다는 것 알거든.

세심한 주의

우리나라 굴지의 전자회사 사장이
캐나다 법인에 방문했을 때 일이다.
현지 법인에서 최고의 한식당 귀빈실로 예약을 했는데
경쟁사 TV가 걸려있었단다.

사장이 불쾌감을 표시했고
현지법인 대표는 쩔쩔 맸다고 하네.
그만한 일로 인사조치는 없었겠지만
그렇다고 불이익이 전혀 없을 거라 생각하지 않는다.

현지 법인 대표가
예약하지 않았겠지만
책임은 대표가 져야 한다.
대표가 최종 점검은 했어야 한다.

자사 제품을 사용하는 곳으로
대신할 만한 한식당이 없었다면

그 시간만이라도
식당의 이해를 구하고
자사 제품으로 대체해도 되거든.

예약했던 직원 눈에 그게 보였다면
훗날 현지 법인 대표 후보자 중 한 사람이 될게 분명하다.

한 번 더 보고
한 번 더 생각하고
세심하게 주의하면 불편한 일이 준다.

093

뒷담화 주의보

사내에서 친한 동료와 대화를 나누다 보면
마음 빗장이 풀리기 쉽단다.
뒷담화 장이 열리기도 하지.
가끔 진도를 많이 나가는 경우도 생기지만
신명나게 놀고 나면 큰일 날 수 있다.

누구와 무슨 말을 하던지
녹음해서 전해질 수 있다고 생각해라.
친구나 상대를 의심하란 말이 아니고
주의하란 것이다.

"그럼 네 스트레스는 어떻게 풀어야 하냐고?"

가족과 나눠라.
지인이 널 위한답시고
용기를 내서 스트레스 유발자를 만나
"네가 힘들어 하니 네게 잘 해달라."고

개입한다면 상황은 더 나빠질 수 있다.

제일 좋은 답은
믿음직한 친구와 씹는 것이다.

또한
어중간한 친밀 관계라면
처음에는 동조하고 응원하겠지만
차츰 너를 경계할 것이야!
속으로 '다음에는 나를 험담 하겠구나!' 생각한다.

스트레스 유발자를 정말 못 참겠으면
적절한 타이밍에
직접 만나 용기 있게 네 감정을 전하고
원하는 것을 부탁해라.

094

사랑의 그릇

평생 구해도 모자라는 게
사랑의 그릇이란다.

근접한 관계에서 누군가 너를 질투한다면
즐겨도 된다.
네가 더 탁월하단 증거란다.

그 사람 질투가 야비함을 넘어선 수준이라면
걱정할 것은 더더욱 없다.
그는 네 사랑의 그릇을 키워주는 교관이란다.

언젠가 한 번은 물릴 수도 있어!
그때
"왜 물고 난리야 내가 뭘 잘못했다고!"하면 지는 거야.
"앗, 물렸구나, 쫌 아프네, 예방주사 맞았으니
죽진 않을 거고..."
담대히 넘기면 네가 이기는 거다.

많이 힘들겠지만
단련이 돼서 밉지 않고 불쌍히 여겨지면
그와 다른 공기를 마시는 날이 가까이 이른 것이다.

사랑의 그릇을 키우려 기도하면
사랑의 심장을 내게 이식시키지 않으시고
오히려 사랑하기 힘든 사람을 앞에 세우셔서
사랑을 훈련하시더라.

용기를 구하면
죽음도 두려워하지 않을 용기를 이식시키지 않으시고
위험 앞에 세우셔서
용기를 발휘할 기회를 주시더라.

095

슬픔 자르기

아빠 개척 목회 20년 중에
지금 남은 성도보다 등록하고 떠난 사람이 더 많다.
단 한 번도 아프지 않은 적이 없었다.
지금은 그렇게 아파한 것이 아프다.

BC 333년 알렉산드로스 대왕이
아나톨리아 지방을 지나가던 중
고르디우스가 세운 프리기아의 수도 고르디움에 도착해서
큰 매듭을 봤지.
끝을 찾을 수 없이 복잡하게 얽혀 있는 매듭은
아시아를 정복하는 사람만이 풀 수 있다고 전해지고 있었어.
많은 사람들이 그 매듭을 푸는 일에 실패했지만
알렉산드로스는 단칼에 잘라버렸다.

'고르디우스의 매듭을 잘랐다'는 말은
복잡한 문제를 대담한 방법으로 풀었다는 뜻이다.

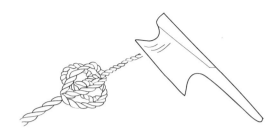

성서에 보면 거절당한 동네를 나올 때
"신발에 묻은 먼지도 털어버리라." 하셨다.

떠난 사람 보내주고
자기 연민에 시간과 에너지 낭비하지 말고
남은 사람과
한번 가면 다시 오지 않을 시간
잘 붙들고 행복 가꾸기 위해
풀지 말고 잘라버릴 것 찾아 과감하게 자르는
지혜와 결단이 필요하다.

아빠처럼 오랜 아픔 후에 자르지 말고
오늘 끊어내길 기도한다.

096

10년 법칙

사람에 대한 판단은 유보하기
내일 그가 어떤 얼굴로 아침을 맞이할지 알 수 없더라.

쉽게 다가온 사람은 쉬운 사람
어렵게 다가온 사람은 어려운 사람
다가오지 못하는 사람은 상처 있는 사람
다가와도 되는데 거리 유지하는 사람은 문제 있는 사람
필요할 때만 찾는 사람은 기회주의자
많은 것을 주려고만 하는 사람은 피곤한 사람
받으려고만 하는 사람은 얄미운 사람

관계의 탑은 하루 아침에 쌓을 수 없다.
한 번에 하나씩 벽돌을 놓는 사람이 성숙한 사람이다.

사람에게 상처 받으면 나쁜 사람으로 생각하기 일쑤인데
그 사람이 나쁜 게 아니라

그 사람에 대해 모르는 네 책임을 먼저 생각해라.
그 사람은 원래 그런 사람이었던 게야.

일상적인 만남 중에 신의를 지키고
장기적인 관계 유지하기 위해 균형을 아는 사람은
친구로 삼아도 된다.

혼자 보지 말고 공동체 속에서 함께 보고
떠나거나 자리를 비워야
그가 누구인지
그제서야 자신을 드러내는 사람도 있더라.

무엇을 시작해도 10년은 하고
누굴 만나도 10년은 지켜봐라.
자기가 누군지 9년은 숨길 수 있어도
10년은 못 숨기더라.

097

집중력

초등학생 때 집에 변변한 책이 없었다.
이모가 사준 책 한 권이 전부
이글거리는 눈으로 책을 태울 것처럼 읽던 네 사진이
지금도 식탁에 있다.

최고의 신체 지능과 실력을 갖춘 운동선수도
집중력 떨어지면 어처구니없는 실수를 하고
실수가 반복되면 헤어나오지도 못하고
그만 두는 사람도 있다.

너의 부족함이나 실수가 겹치면
상사를 괴팍하게 만들기 일쑤고
반복되면 주눅 들기 십상이고
실망의 터널로 들어가면
헤어나오지 못 할 수도 있다.

작은 실수 겹치면 큰 것이 되니
작은 일에도 집중력 높여야 한다.
사자가 새끼 양 한 마리를 잡아도
초집중을 한다.

너희 둘 다 초등학생 때
공부 못했던 것 기억하지!
줄반장을 해도 학급 반장처럼 잔치했고
작은 진전에도 하늘을 나는 것처럼 기뻐했다.
부모의 사랑이 자녀의 집중력을 높인단다.

너희 둘의 성적은 중학생 때 폭발했다.
작은 격려가 큰 결과를 만들 듯이
무엇을 하던지 집중력 높일 수 있는
최고의 타이밍을 찾고
집중력을 만들 줄 아는 사람 되어라.

098

구더기 무서워도

노력하고
베풀고
긍정적인 여러 말로 사람을 위로하고
친절하며
사랑해도
오해받고 배신당할 수 있다.

선을 베풀어도 배신당하고
이용당해서 낙심할 일 많아.
그래서 그만뒀다면 평범한 사람
그래도 선을 베풀면 건강한 사람이란다.
구더기 무서워도 장은 담가야 장 맛 본다.

외양간에 짐승 없으면 더러운 냄새 날 일 없어
청소할 필요도 없지만 얻을 것도 없어
지저분하고 더러워도 외양간에 짐승은 키워라.

열 사람 사랑하면
한 사람 남을 수 있지만
한 사람도 사랑하지 않으면
어떤 사람도 남지 않는다.

열 사람 중 떠난 아홉
미워하지 않는 것도 능력
심는 대로 거둔다는
농경법칙 믿지만
심는 곳에서 거둘 생각은 금물이다.

농부는 심는 것만 신경 쓰면 족해.
거두는 것은 네 영역 아닌 하나님의 영역이다.
하나님과 너 사이의 선을 아는 것은
사람이 사람의 자리에 서는 겸손이란다.

099

네 가지 질문

미국의 유명한 가수 겸 라디오 방송인으로
크게 성공한 에디 칸토는 정신없이 달리는 성공지향주의자였다.
어느 날 어머니로부터
아주 짧은 편지를 받고 충격에 빠졌단다.

"에디야 너무 빨리 달리지 말거라."
"주변의 좋은 경치는 하나도 못 보고 그냥 지나친단다."

깊은 생각 끝에
자기 수첩에 다음의 네 가지 질문을 써놓고
한평생 자신에게 질문을 내며 살았단다.

첫째, 나는 야심을 위해 달리는가?
　　　가치 있는 삶을 위해 사는가?
둘째, 경력을 위해 일하는가? 가족을 위해 일하는가?
셋째, 물질적 성공을 원하는가?
　　　인생의 참다운 보물을 추구하고 있는가?

넷째, 이 일이 나 자신을 위한 것인가? 남을 위한 것인가?

너무 빨리 뛰지 말거라.
고객보다 한 걸음 앞서는 것은 빠른 편이다.
반걸음만 앞서라.

자녀에게 부모의 자리는 옆이다.
앞에서 끌고 간다면 타율성만 늘 것이다.

오늘을 보고 오늘을 행복하게
미래의 행복을 위해 오늘을 저당 잡히지 말고
지나는 길의 작은 들풀 하나도
너를 위해 창조했음을 기억하고
함께하는 사람을 세우라고 너를 창조하셨으니
함께 가거라.

100

고 포인트(GO Point)

인생은 선택의 연속
너의 미래는 오늘의 열매
어제와 다른 의미 있는 하루를 보냈다면
미래는 환한 얼굴로 너를 기다린다.

최악의 선택은 아무것도 선택하지 않은 게야.
큰 기회에는 큰 위험이 따르지만
어떤 일도 하지 않으면 어떤 일도 생기지 않는다.

'고 포인트(Go point)'는 결단해야 할 시간
'예스(Yes)' 아니면 '노(No)'의 선택이 이루어지는 찰나
생각이 행동으로 옮겨지는 순간을 의미한다.

미국 해병대에 '70% 해법'이란 게 있다.
70%의 정보를 수집하고 70%까지 분석하여
70% 성공 확신이 든다면 실행하라는 지침이다.

해도 되고 안 해도 되는 일은 했으면 좋겠다.
미 해병대의 작전은 생명을 담보로 하지만
너의 선택은 성공을 담보로 하거든
살아보니 어떤 경험도 무익한 것은 없더라.

'51% 해법'을 제시해 본다.
51%의 정보만 수집하고
51%의 성공 확신이 든다면 도전해라.
성공하면 좋고
실패한다면 성공할 때보다 더 많은 것을 배운다.

준비됐다면 성공할 것이고
실패했다면 준비가 덜 된 것이란다.
때론 실패가 준비란다.
최고의 준비는 준비하는 시간이 아닌 실행이더라.

101

날마다 감사

대학 때 아르바이트를 한 것 기억하지!

영어 과외와 아람누리 공연 알바
두 가지 모두 성실하고 즐겁게 했다.
맡은 바 책임감 수준은 높은 편이었어.

그러다 첫 직장에 출근해서
수습기간 첫 월급을 받고
알바보다 많은 월급임에도 불구하고
연봉 대비 이것저것 제하고 나니 약간 실망한 듯 보였다.
그래서 긴 글로 위로하며
"미래를 보는 눈을 열자."고 격려한 기억이 날터.

일한 만큼 받아야 하지만
인생이 꼭 그렇게 생각대로 되지는 않아
돈이 이끄는 삶은 후회할 날이 온단다.

누구보다 더 많이 받거나
더 괜찮은 사람 되길 구하지 말고
어제의 자신보다 더 괜찮은 사람이 되기를 구해라.

잠자리에 들 때
매일 감사할 것 열 가지를 하나님께 고백하면
보약이 된다.

인생은 사랑에 관한 것
감사는 사랑의 열매란다.

EIPLOGUE

디테일과 쫀쫀함은 다릅니다. 디테일이 프로의 세심함이라면 쫀쫀함은 인색함인데요. 디테일은 세밀하게 작은 차이도 찾아내서 다듬는 것이라면 쫀쫀함은 답답하고 한심한 것입니다. 디테일은 문서로 구체화하고 구성원이 함께 만들어가야 합니다. 자신에게 엄격하고 타인에게 관대하며 일할 때는 사자처럼 개인적으론 인심 좋은 동네 아저씨처럼 살고 싶습니다. 순간마다 누군가를 바꾸려하지 말고 먼저 자신을 바꾸면 됩니다.

두 아이가 나름 잘 성장했습니다. 큰 애는 전쟁터와 같은 직장 생활에 적응을 마치더니 더 큰 도전을 준비합니다. 둘째는 대학 3년 생으로 두 번의 벤처 창업으로 눈물 젖은 햄버거를 맛보고 병역특례로 직장생활을 합니다. '수학이 자기 발목을 잡는다!'며 고등학교 1학년 1학기 중간고사 기간 중에 울던 큰 애의 아픔을 잊을 수 없습니다. 공부 못해 흐르는 눈물을 머금고 수학을 향한 도전과 희생의 정량을 채운 후 2학년 2학기 중간고사 때 전교 1등을 했습니다. 누구에게나 전환점이 있는데요. 이게 인생의 첫 번째 전환점이 됐습니다.

두 아이는 지불해야 할 대가를 알기 때문에 도전을 두려워합니다. 도전하기 전에 몸살을 앓기도 하죠. 그러나 몸살나게 생각하고 결정이 서면 뒤도 돌아보지 않고 전진을 합니다. 앞으로도 자발적인 고난을 기뻐하고 디테일을 아는 프로로 몇 번 더 폭발할 것입니다.

새뮤얼 스마일즈는 『인격론』에서 "일은 사람의 인격을 성장시키는 중요한 도구다."라고 했습니다. 육군 병과 주특기 980은 군종입니다. 선임 군종사병이 전역하며 군종장교 군화는 닦지 말라고 했습니다. 본인이 싫어했던 일, 저에게 물려주지 않았답니다. 선임이 전역하자 다음날부터 군종 목사 군화를 기쁨으로 닦았습니다. 선임과 다름을 보여주기 위해서가 아닙니다. 모든 일은 거룩합니다. 어떤 일이든지 기쁨으로 감당하면 버릴 것이 없습니다. 군화를 닦는다고 구두닦이가 되는 건 아닙니다. 직업에 귀천이 있는 게 아니라 직업의 귀천을 따지는 사람이 천한 겁니다. 그분이 더 중요한 일을 하도록 시간을 만들어 드린 겁니다. 그분은 '전에 받지 못한 대우'라고 기뻐하셨어요.

이민주는 『지금까지 없던 세상』에서 2030년 6대 슈퍼 섹터를 금융, 자동차, 정보기술, 의료 및 제약, 서비스, 소비재라고 했습니다. 여기에 의복과 신재생 에너지를 추가하고 싶습니다.

2030년을 준비하며 무엇을 하느냐보다 어떤 사람이 되느냐가 더 중요할 텐데요. 혁신에 혁신을 가한 것만 살아남을 터라 디테일에 혁신을 추가하고 싶습니다.

자동차에도 새로운 규칙을 창조해 자동차와 비행기를 결합한 '차비기'가 나올 것이고 소유를 넘어선 공유의 개념이 생활을 파고들 겁니다. 지금 다니고 있는 회사에 충성을 다하지만 회사를 믿지는 말아야 합니다. 회사가 한 사람의 미래를 책임지고 싶어도 불가한 시대가 옵니다. 20년 후에 다니고 있는 회사가 없어질 수도 있는 노릇이에요. 준비된 자는 4차 산업혁명 시대에 두 날개로 비상할 겁니다.

부정의 사회에서 긍정의 사회로 전환됐습니다. 광고는 날마다 소비자를 부추깁니다. '더 예쁘게, 더 건강하도록, 더 매력적으로, 더 가질 수 있다'고 말이에요. 부정보다는 긍정이 좋지만 대책 없는 긍정은 부정성보다 위험합니다. 알프레드 애들러의 심리학에 뿌리를 둔 마틴 셀리그먼의 긍정의 심리학자에게 현혹되어 자신을 혹사하지 말고 자기만의 인생 목적과 습관을 가지면 좋겠습니다. 최선을 다해야 하지만 혹사하지 않아야 합니다. 오늘에 최선을 다하지만 결코 행복을 놓치지 않는 삶, 성공하고 나서 허무한 삶이 아닌 과정이 행복한 사람이 되길 기도합니다.

이 책이 미래를 읽는 눈을 열어주지는 못할 겁니다. 디테일한 저자의 경험을 담았지만 시중에 떠다니는 이야기도 많이 인용

했음을 밝힙니다. 출처를 밝히지 않는 것은 그만큼 일반화된 이야기이기 때문입니다. 진리는 멀리에 있지 않습니다. 널리 알려진 이야기는 내가 아는 이야기일 뿐 아니라 모르는 분도 꼭 알아야 할 이야기라는 점을 밝혀둡니다. 데이터나 심리학적인 연구 과정을 거치지도 않았습니다. 자기 계발을 위해 자율신경이나 뇌에 관한 연구를 빌려올 힘도 없습니다. 교회 개척을 두 번 한 부모로서 자녀에게 기본에 기본을 가르친 겁니다. 이점 널리 양해 부탁드립니다.

2019년 2월 20일
일산 설촌공원 옆 서재에서 맑은 봄을 기다리며
한진숙 · 안성우

101가지 삶의 디테일

1판 1쇄 발행 2019년 2월 28일
발행인 안성우
지은이 한진숙 · 안성우
책임편집·교정 강지희 | **교정** 안신원 이영준 성지현 노정훈
표지디자인 김은하 | **내지디자인·일러스트** 노재순 | **표지사진** 정승훈

펴낸곳 도서출판 피플스북스
출판등록 2015년 8월 13일(제 396-2015-000160호)
주소 경기도 고양시 일산동구 일산로 286번길 36
이메일 peoplesbooks@hanmail.net
전화번호 031)978-3211 | **팩스** 031)906-3214

ⓒ 2019 한진숙 · 안성우
illustration ⓒ 노재순
ISBN 979-11-956336-3-0 03230